⊙ 사진 제공
국립고궁박물관, 국립민속박물관, 국립중앙박물관, 김만덕 기념사업회, 서울대학교 규장각한국학연구원, 숭실대학교 한국기독교박물관, 프레시안, 마동욱의 고향이야기, 발길 내딛기 힘들 때, 세중여행

CC BY-SA adamgn, GaÃ≪l Chardon, Julie Facine, Justin Ornellas, Kai Hendry, trindade.joao

교과서 속 역사 이야기
그림으로 보는 한국사 4

개정판 1쇄 발행 2022년 3월 10일
개정판 11쇄 발행 2025년 7월 20일

글 황은희 | **그림** 이동철 | **감수** 역사와 사회과를 연구하는 초등 교사 모임

발행인 오형석
편집장 이미현 | **편집** 정은혜 | **디자인** 이희승
발행처 (주)계림북스
신고번호 제2012-000204호 | **등록일자** 2000년 5월 22일
주소 서울시 마포구 창전로 74 여촌빌딩 3층
대표전화 (02)7079-900 | **팩스** (02)7079-956
도서문의 (02)7079-913
홈페이지 www.kyelimbook.com

ⓒ 계림북스, 2022
이 책에 실린 글과 그림, 사진의 무단 전재나 복제를 금합니다.

ISBN 978-89-533-3435-9 74900 | 978-89-533-3431-1(세트)

그림으로 보는 한국사 4

교과서 속 역사 이야기

글 황은희 | 그림 이동철 | 감수 역사와 사회과를 연구하는 초등 교사 모임

계림북스
kyelimbooks

감수의 말

 역사 속으로 이제 발을 내딛는
어린이들을 위한 책!

초등학교 5학년 교육 과정에 한국사 교육이 도입되면서 많은 학부모님과 학생들이 역사 학습에 큰 관심을 보이고 있습니다. 초등학교 저학년 때부터 읽을 만한 역사책을 찾는 눈길도 더욱 많아지고 있고요.

그런데 도대체 왜 우리 아이들에게 역사를 알려 주어야 하는 걸까요? '역사를 배운다'는 것은 역사 그 자체를 배우는 것이기도 하지만, '역사를 통해 배우는 것'이기도 합니다. 과거를 들여다봄으로써 현재를 알고, 나아가 미래를 내다볼 수 있지요.

하지만 저학년의 경우 의도적으로 역사를 교육하기란 쉽지 않습니다. 그 나이 때에는 '역사'라는 개념을 인식하기보다는 막연하게 옛것을 느끼는 정도이기 때문입니다. 따라서 저학년 어린이들에게는 스토리텔링으로 역사를 풀어내 마치 동화책을 읽듯이 쉽고 재미있게 역사책을 접하게 해 주는 것이 좋습니다. 실제로 교육 현장에 있다 보면 역사책을 좋아하는 아이들도 역사책이 '옛날이야기 읽듯 술술 읽히는 책이었으면 좋겠어요.'라고 이야기하곤 합니다.

〈그림으로 보는 한국사〉 시리즈는 이러한 부모님들의 관심과 우리 아이들의 바람을 담아 만든 역사책이에요.

이 책은 저학년 아이들의 눈높이에 맞는 내용을 적절한 분량의 글로 풀어내 아이들이 혼자서도 옛 이야기처럼 술술 재미있게 읽으면서 한국사의 흐름을 쉽게 정리할 수 있습니다.

역사적 사건을 콕 집어낸 재치 있는 그림에 사진 자료 및 역사 지도 등을 덧붙여 내용을 입체적으로 이해할 수도 있지요.

또한 정치나 사회에만 치우치지 않고 옛날 사람들이 살던 모습, 풍속, 문화 등을 적절히 녹여 내 아이들이 역사란 나와 상관없는 먼 옛날의 이야기가 아닌, 자신과 관련된 친근한 이야기라는 것을 느낄 수 있을 것입니다.

본문 중간중간에 마련된 코너인 '역사 배움터'에서는 더 깊이 알아 두면 좋은 내용들을 살펴볼 수 있으며, '역사 놀이터'에서는 재미있는 문제를 풀며 읽은 내용을 확인할 수 있습니다. 그리고 책의 끝장에 붙어 있는 연표를 통해 역사의 흐름을 한눈에 정리할 수 있어요.

우리 아이들이 〈그림으로 보는 한국사〉를 읽고 우리 역사에 더욱더 관심을 갖고, 자신과 나라의 미래를 생각할 수 있는 아이로 성장하길 바랍니다.

역사와 사회과를 연구하는 초등 교사 모임

차례

새로운 나라, 조선

- 신진 사대부와 무신이 힘을 합했어요 …………… 12
  - 새로운 세력, 신진 사대부
  - 이성계와 정도전이 만났어요
- 새로운 권력자, 이성계 …………… 14
  - 위화도에서 돌아섰어요
  - 이성계가 권력을 차지했어요
  - 고려의 충신, 정몽주의 죽음
- 새 나라 조선을 세웠어요! …………… 18
  - 새 나라의 새 임금, 이성계
  - 새 나라의 새 이름, 조선
  - 한양이 조선의 도읍지가 되었어요
  - 조선에 큰 복을! 새 궁궐 경복궁
  - 왼쪽에는 종묘, 오른쪽에는 사직단
  - 성을 쌓고 문을 만들었어요
  - 새 나라에 꼭 맞는 유교

역사 배움터 …………… 28
삼강오륜이 뭐예요?

- 나라의 기틀을 마련한 태종 …………… 30
  - 왕자들의 싸움 끝에 왕이 된 방원
  - 지방 곳곳에 수령을 보냈어요
  - 백성들의 신분증, 호패
- 백성을 먼저 생각한 임금, 세종 …………… 34
  - 왕이 된 세종
  - 백성을 가르치는 바른 소리, 훈민정음
  - 농사짓는 백성을 위해 과학 기술을 발전시켰어요
- 세종과 함께 조선을 이끈 신하들 …………… 38
  - 왕과 백성을 섬긴 재상, 황희와 맹사성
  - 압록강과 두만강까지 땅을 넓힌 두 장수, 최윤덕과 김종서

역사 배움터 …………… 40
조선 왕은 하루를 어떻게 보냈을까요?

역사 놀이터 낱말 퍼즐 …………… 42

갈등을 딛고 안정을 이룬 조선

- 왕권을 강화한 세조 …………… 46
  - 왕이 되고 싶은 수양대군
  - 마침내 왕(세조)이 된 수양대군
  - 강력한 정치를 펼쳤어요
  - 공을 세운 훈구파

- 나라를 평안하게 이끈 성종 ……… 50
  - 문물제도를 갖추고 백성들을 살폈어요
  - 새로운 세력을 관리로 뽑았어요
  - 조선 최고의 법전 〈경국대전〉을 완성했어요
- 폭군이라 불린 연산군 ……… 54
- 중종과 조광조의 같은 꿈, 다른 꿈 ……… 56
  - 중종의 인정을 받은 조광조
  - 꺾여 버린 조광조의 개혁
- 의로운 도둑, 임꺽정 ……… 58
- 사림파가 다시 힘을 얻었어요 ……… 60
  - 정치의 중심이 된 사림파
  - 서원을 통해 제자를 길러 낸 사림파
  - 성리학을 발전시킨 이황과 이이
  - 사림파가 둘로 나뉘었어요
- 양인과 천민으로 나뉜 백성 ……… 64
- 양반들은 어떻게 살았나요? ……… 65
  - 조선의 지배층인 양반
  - 과거 시험을 보고 관리가 되었어요
  - 담장 높은 양반의 집

역사 배움터 ……… 70
조선 시대 아이들은 어떤 학교에 다녔을까요?

- 중간 신분인 중인들 ……… 72

- 상민들은 어떻게 살았나요? ……… 74
  - 농사짓고 세금 내는 조선의 상민들
  - 초가삼간 상민들의 집
  - 상인과 수공업자도 상민이에요
- 가장 낮은 대우를 받은 천민 ……… 80

역사 놀이터 알맞은 낱말 찾기 ……… 82

조선을 휩쓴 큰 전쟁들

- 조선 최대의 전쟁, 임진왜란 ……… 86
  - 일본이 쳐들어왔어요
  - 육지에서는 패배, 바다에서는 승리
  - 나라를 구하려고 일어선 의병들
  - 여자들까지 힘을 합해 일본군을 물리친 행주대첩
  - 일본이 다시 쳐들어왔어요
  - 7년에 걸친 전쟁이 끝났어요

- 임진왜란 이후 무엇이 달라졌을까? ·········· 96
  - 고달픈 조선의 백성들과 변화하는 주변 나라
  - 일본에 조선 통신사를 보냈어요

역사 배움터 ································· 100
조선의 선비를 닮은 소박한 백자

- 조선을 일으키려고 애쓴 광해군 ·········· 102
  - 광해군이 조선을 위한 외교를 펼쳤어요
  - 허준이 〈동의보감〉을 펴냈어요
  - 광해군의 생각을 반대하는 신하들이 생겨났어요
  - 광해군이 쫓겨났어요

- 조선에 쳐들어온 청나라 ··················· 106
  - 정묘호란과 병자호란으로 조선이 들썩였어요
  - 전쟁터가 된 남한산성
  - 삼전도에서 항복했어요

- 청나라, 공격할 것인가 배울 것인가? ······ 110

역사 놀이터 숨은 그림 찾기 ················ 112

발전된 사회를 향한 발걸음

- 더욱 심해진 붕당의 경쟁 ··················· 116
  - 한 붕당이 권력을 독차지했어요

- 독도를 넘보는 일본, 독도를 지킨 안용복
- 특산물 대신 쌀로 세금을 냈어요
- 탕평책을 실시했어요
- 백성들의 군포 걱정을 덜어 준 박문수
- 뒤주에 갇혀 죽은 사도세자

- 조선을 새롭게 변화시킨 정조 ·············· 124
  - 정조가 왕위에 올랐어요
  - 새로운 도시, 화성을 건설했어요

- 백성의 소리에 귀 기울인 임금들 ·········· 128

- 발전하는 농촌, 달라지는 농민 ············· 130
  - 모내기법이 널리 퍼졌어요
  - 작물을 키워서 돈을 벌었어요
  - 부자가 된 농민, 여전히 가난한 농민

- 장시가 늘어나고 수공업이 발달했어요 ···· 134
  - 여기저기에 생겨난 장시
  - 상평통보가 널리 쓰였어요
  - 뚝딱뚝딱 활기를 띤 수공업

- 돈으로 신분을 사고파는 사람들 ··········· 138

- 백성들이 즐긴 서민 문화 ··················· 140

역사 배움터 ································· 142
김홍도와 신윤복이 그린 조선 시대 사람들

- 새로운 학문인 실학이 등장했어요 ········· 144

- 현실 문제를 해결하려는 학문, 실학
- 토지 제도를 고치자!
- 상공업을 발전시키자!
- 실학을 꽃피운 정약용
- 조선 땅을 그린 〈대동여지도〉

• 새로운 문물이 들어왔어요 ················ 152
- 조선 사람들의 생각을 바꾼 신기한 서양의 문물
- 새로운 서양의 종교, 천주교

• 제주도에 온 파란 눈의 서양 사람 ········ 154

• 조선 시대 여자들은 어떻게 살았나요? ········ 156

역사 놀이터 다른 그림 찾기 ················ 158

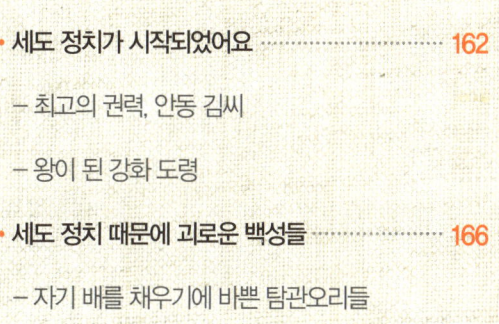

백성들의 고통과 변화의 움직임

• 세도 정치가 시작되었어요 ················ 162
- 최고의 권력, 안동 김씨
- 왕이 된 강화 도령

• 세도 정치 때문에 괴로운 백성들 ········ 166
- 자기 배를 채우기에 바쁜 탐관오리들
- 관리들이 자기들 마음대로 세금을 거두었어요

- 어린아이도 죽은 사람도 군포를 내라니
- 높은 이자에 질 나쁜 곡식, 환곡 제도 나빠요!

역사 배움터 ································ 170
조선의 진정한 상인, 김만덕과 임상옥

• 종교를 통해 새 세상을 꿈꿔요 ············ 172
- 새로운 세상을 바라는 백성들
- 천주교를 믿는 사람들을 잡아들여라!
- 동학, 사람이 곧 하늘

• 농민들이 들고 일어났어요 ················ 176
- 차별과 고난은 이제 그만 홍경래의 난
- 성난 진주의 농민들

• 변화의 갈림길에 선 조선 ················ 180

역사 놀이터 틀린 그림 찾기 ················ 182

역사 놀이터 정답 ························ 184

〈부록〉 한국사 연표

조선은 이성계를 비롯한 무신들과 새로운 학문을 공부한 신진 사대부가
힘을 합해 세운 나라예요. 조선은 고려와 달리, 불교를 멀리하고 유교를
중요하게 생각했어요. 오늘날 우리 생활 속에 남아 있는 여러 가지 생활 예절은
조선의 유교를 바탕으로 만들어진 거예요.
또한 조선 시대에는 우리글인 한글이 만들어지고, 수많은 예술 작품들이
탄생했으며, 과학 기술도 발전했어요.
지금부터 조선이 어떻게 세워졌으며, **새로운 나라 조선**을 이끌어 간
사람들이 어떠한 나라를 꿈꿨는지 함께 알아보아요.

신진 사대부와 무신이 힘을 합했어요

새로운 세력, 신진 사대부

고려가 귀족들의 횡포와 외적의 잦은 침입 때문에 혼란스러운 사이,
새로운 세력이 자라고 있었어요. 바로 '신진 사대부'예요.
이들은 새로운 학문인 성리학을 공부하고 과거 시험을 통과해
자신의 능력만으로 관리가 된 사람들이지요.
신진 사대부는 자신들의 배만 불리려는 귀족을 몰아내고
새로운 나라를 만들고 싶었어요.

새로운 나라, 조선

이성계와 정도전이 만났어요

신진 사대부와 함께 성장한 세력이 있어요. 바로 이성계, 최영과 같은 무신들이에요. 무신은 군대와 관련된 일을 하는 신하예요. 이들은 홍건적과 왜구를 잇따라 물리쳐 백성들 사이에서 인기가 높았어요.

그러던 어느 날, 신진 사대부인 정도전이 이성계를 찾아왔어요. 정도전은 잘못된 나라를 바로잡고 싶었지만, 신진 사대부에게는 군사적인 힘이 없었어요. 그래서 이성계와 힘을 합치려고 한 거예요.

이성계와 정도전은 새로운 나라를 만드는 데 서로가 꼭 필요한 사람이라고 생각했어요.

★**홍건적** 중국 원나라에서 반란을 일으킨 농민들로, 머리에 붉은 수건을 둘렀어요.
★**왜구** 일본 해적을 뜻해요.

함께합시다! 장군의 힘이 꼭 필요합니다.

정도전

이성계

그래, 정도전과 함께라면….

위화도에서 돌아섰어요

그 무렵 원나라를 몰아내고 중국 땅에 새롭게 들어선 명나라가 고려에게 철령 이북 지방은 원래 자기네 것이었다며 도로 내놓으라고 괴롭혔어요. 그러자 우왕과 최영은 명나라의 요동 지방을 공격하기로 마음먹었어요. 하지만 이성계는 그 의견에 반대했어요. 명나라가 워낙 큰 나라였고, 그때는 농사일로 바쁜 여름철이었거든요. 여기에 장마까지 겹쳐 자칫 전염병이 돌 수도 있다고 생각한 거예요. 명나라와 싸우는 동안 왜구가 쳐들어올 수 있다는 것도 이유였지요.

★**철령 이북 지방** 고려 시대에 원나라에게 빼앗겼던 땅으로, 고려의 공민왕이 되찾았어요.

새로운 나라, 조선

그러나 우왕과 최영의 굳은 의지를 꺾기는 어려웠어요. 우왕의 공격 명령이 떨어지자 이성계는 하는 수 없이 군대를 이끌고 요동으로 떠났어요.
1388년 5월, 이성계와 군사들이 압록강에 있는 '위화도'라는 섬에 도착했어요. 몇 날 며칠을 주변 상황만 살피던 이성계가 부하들에게 말했어요.
"지금 명나라에 쳐들어가면 분명 나라에 좋지 않은 일이 생길 것이오."
그러고는 군대를 돌려 도읍지인 개경으로 돌아갔어요.
이를 '위화도 회군'이라고 해요.

두두두…

어휴, 힘든데 왜 왔다 갔다….

군대를 돌려라! 개경으로 돌아가자!

이성계가 권력을 차지했어요

개경으로 돌아온 이성계는 최영을 죽이고 우왕과 창왕을 차례로 몰아낸 뒤, 공양왕을 왕위에 앉혔어요. 공양왕은 힘없는 허수아비 임금일 뿐 모든 권력은 이성계가 차지했지요. 이성계는 고려를 무너뜨리고 새로운 나라를 세우고 싶었어요. 그래서 맨 먼저 정도전과 함께, 귀족 관리들이 옳지 않은 방법으로 차지한 땅을 모조리 거둬들여 나라에서 관리하도록 했어요. 그리고 관리들에게는 그 땅에서 거두는 농작물을 세금으로 받을 권리만 주었지요. 또한 백성들이 내는 세금도 낮춰 주었어요.

나라의 살림과 백성들의 생활이 조금씩 나아지자 이성계는 백성들의 마음을 얻었어요.

나... 왕 맞는 거지?

공양왕

새로운 나라, 조선

고려의 충신, 정몽주의 죽음

고려의 충신이었던 정몽주 역시 고려의 변화를 꿈꾸는 신진 사대부 중 하나였어요. 하지만 그는 새로운 나라를 세우고 싶어 하는 이성계와 생각이 달랐어요. 정몽주는 고려의 잘못된 점만을 바로잡고 싶을 뿐 고려를 지키고 싶었지요. 이성계는 그런 정몽주가 눈엣가시 같았어요.

하루는 이성계의 아들인 방원이 정몽주를 불러 함께 새로운 나라를 세우자고 설득했어요. 하지만 정몽주는 끝까지 고려에 대한 충성심을 버리지 않았어요. 결국 정몽주는 집으로 가는 길에 선죽교에서 방원의 부하에게 죽임을 당했다고 전해져요.

★**선죽교** 원래 이름은 선지교예요. 정몽주가 죽은 뒤 그의 충성심을 닮은 꼿꼿한 대나무가 솟아 나왔다고 하여 선죽교라고 고쳐 불렀다고 해요.

▲ **선죽교** 북한 개성시에 있어요.

캑… 일백 번 죽는다고 해도 고려를 향한 내 마음을 버릴 수는 없다!

새 나라 조선을 세웠어요!

새 나라의 새 임금, 이성계

1392년, 마침내 이성계가 왕이 되었어요. 조선의 제1대 임금 태조예요. 이성계는 나라의 이름을 그대로 '고려'라고 하고, 도읍지도 개경에 두었어요. 고려의 백성들이 공양왕을 죽이고 왕위에 오른 자신을 탐탁지 않게 생각한다는 것을 잘 알았기 때문이에요. 또한 고려를 섬기던 신하들의 마음을 얻기 위해 그들을 계속 관리로 삼고, 고려의 제도도 그대로 두었지요.

새로운 나라, 조선

새 나라의 새 이름, 조선

얼마 지나지 않아 이성계는 나라의 이름을 새로 짓기로 했어요.

신하들 입에 오르내린 이름은 '조선'과 '화령'이었어요. 조선은 단군이 세운 고조선과 같은 이름으로, 긴긴 역사를 이어 온 나라임을 뜻해요.

화령은 이성계의 고향인 함경도 영흥의 옛 이름이고요.

이성계는 큰 나라로 섬기던 명나라 황제의 인정을 받아 나라의 이름을 조선으로 결정했어요.

★**고조선** 단군이 세운 나라로, 원래 이름은 '조선'이에요. 이성계가 세운 조선과 구별하기 위해 훗날 사람들이 '古(옛 고)' 자를 붙여서 '고조선'이라고 불렀지요.

한양이 조선의 도읍지가 되었어요

나라의 이름을 정한 이성계는 도읍지도 새로운 곳으로 옮기기로 했어요. 좀 더 적극적으로 자신의 뜻을 펼치고 싶었거든요. 대를 이어 개경에 뿌리를 내리고 살던 사람들이 크게 반대하고 나섰지만, 이성계는 자신의 뜻을 굽히지 않았어요.

새로운 나라, 조선

이윽고 계룡산, 한양 등이 새 도읍지의 후보로 떠올랐어요.
그때 이성계의 눈에 들어온 곳이 바로 한양이에요.
한양은 나라의 중심에 자리 잡고 있어서 전국 어디로든 쉽게 갈 수가
있었어요. 한강을 이용해 배로 물건을 실어 나르기도 편했고요.
들판이 넓게 펼쳐져 농사짓기에도 좋았으며, 크고 작은 산들로 둘러싸여서
외적의 침입을 막기에도 안성맞춤이었지요.
1394년, 마침내 한양이 조선의 새 도읍지가 되었답니다.

조선에 큰 복을! 새 궁궐 경복궁

정도전의 의견에 따라 새 도읍지 한양에 성을 쌓고, 새로운 궁궐을 세웠어요. 궁궐 안에는 백악산(북악산) 자락을 따라서 정문인 광화문, 왕의 즉위식을 하거나 외국 사신을 맞는 근정전, 평소에 왕과 신하들이 모여 나랏일을 의논하는 사정전, 왕이 잠을 자는 강녕전, 왕비가 생활하는 교태전, 세자가 지내는 동궁, 궁궐 안의 관청인 궐내 각사 등 여러 건물들이 들어섰어요.
정도전은 궁궐의 웅장한 모습을 본 뒤, 이름을 경복궁이라고 짓자고 했어요. 경복은 '큰 복을 빈다'는 뜻이지요. 경복궁의 중심 건물인 근정전에는 '부지런히 나라를 다스린다'는 뜻을 담았고요.

★**즉위식** 임금 자리에 오르는 것을 알리기 위해 치르는 의식이에요.

새로운 나라, 조선

이처럼 경복궁은 건물 이름 하나하나에 유교 정신이 담긴 조선 최초의 궁궐이자 으뜸 궁궐이랍니다.

경복궁 근정전

왼쪽에는 종묘, 오른쪽에는 사직단

경복궁의 왼쪽(동쪽)에는 종묘가 있어요.

종묘는 왕의 조상들에게 제사를 지내기 위해 세운 곳이에요.

한마디로 왕조의 뿌리, 왕실을 상징하는 곳이지요.

경복궁과 함께 종묘를 지은 것은 조선이 부모와 조상에 대한 효를 무척

중요하게 여긴 나라이기 때문이에요.

왕은 종묘에서 제사를 지내고 조상의 덕을 기리면서 백성들에게

효를 실천하는 모습을 보여 주었답니다.

종묘

제가 왕이 된 것은 모두 조상님들 덕분이에요.

▲사직단 동쪽이 사단, 서쪽이 직단이에요.

새로운 나라, 조선

경복궁의 오른쪽(서쪽)에는 사직단이 있어요.

사직단은 땅의 신인 '사'와 곡식 신인 '직'에게 제사를 지내던 곳이에요.

무엇을 위해 제사를 지냈을까요? 농사가 잘되기를 바라거나, 가뭄이 들면 왕이 이곳에 와서 사직에게 제사를 지냈지요. 조선에서는 농사를 무척 중요하게 여겼거든요. 그 밖에 나라에 큰일이 생겼을 때에도 왕은 종묘와 사직단에 가서 제사를 지냈어요.

성을 쌓고 문을 만들었어요

한양을 '한성'이라고 고쳐 부른 뒤 백악산, 인왕산, 목멱산(남산), 낙산의 산등성이를 따라 성을 둘러쌓았어요. 한성은 '도읍지에 성을 쌓았다'는 뜻이에요. 성의 동쪽에는 흥인지문, 서쪽에는 돈의문, 남쪽에는 숭례문, 북쪽에는 숙정문, 이렇게 유교의 덕목인 인, 의, 예, 지의 의미가 담긴 네 개의 큰 문을 만들었어요. 큰 문 사이에는 네 개의 작은 문을 만들었고요. 성안에는 큰길, 관청, 마을, 시장 등이 들어섰고, 많은 백성들이 모여 살았어요. 비로소 한성은 한 나라의 도읍지로서 번듯한 모습을 갖추었어요.

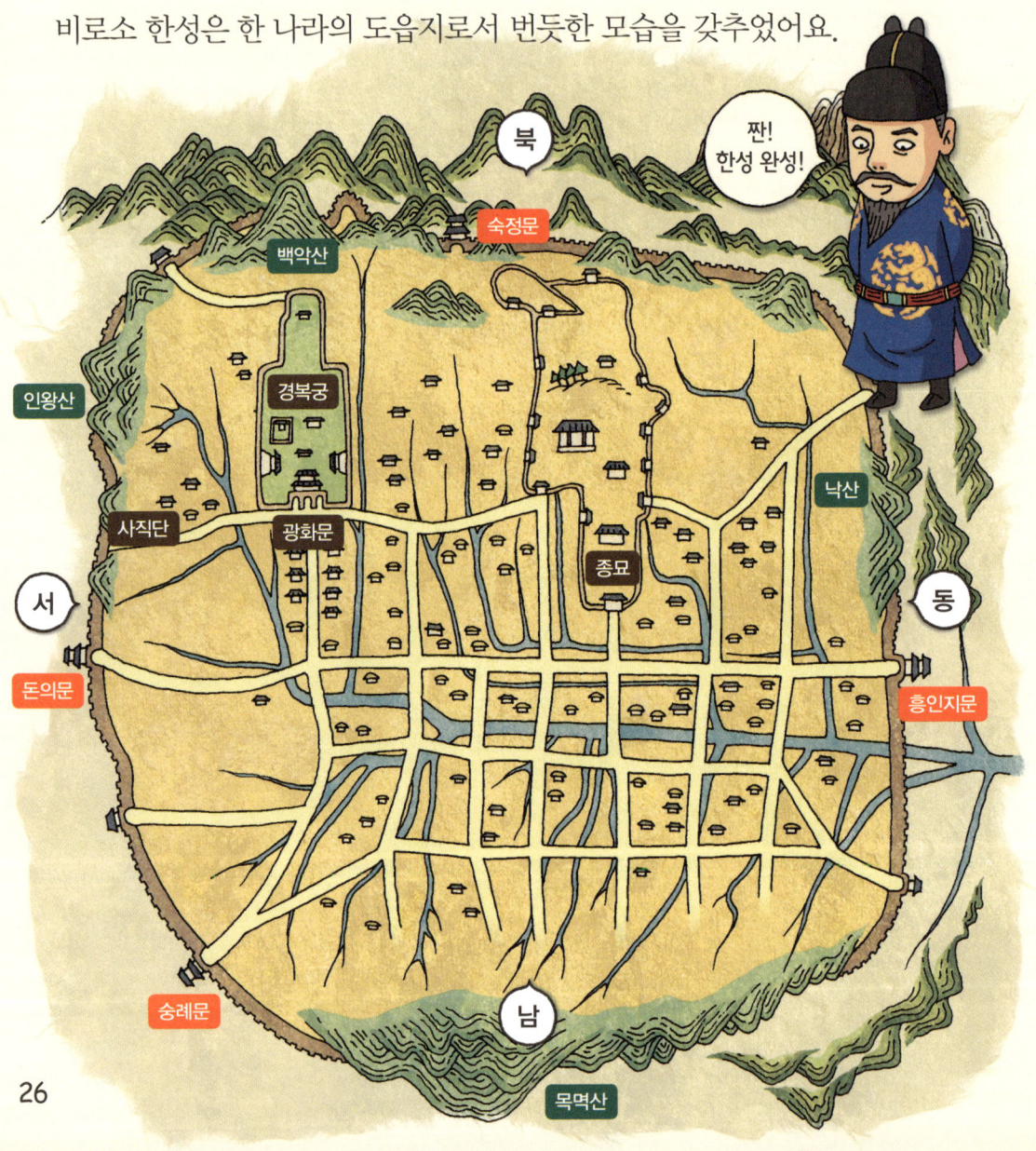

새로운 나라, 조선

새 나라에 꼭 맞는 유교

이성계와 신진 사대부는 고려가 불교 때문에 흔들렸다고 생각했어요. 고려 시대 끝 무렵에 승려들이 귀족과 손잡고 넓은 땅과 노비를 차지한 것도 모자라 세금도 내지 않아서 나라의 살림이 어려워졌거든요.
그래서 조선은 불교를 억누르고, 유교를 나라를 다스리는 바탕으로 삼아 널리 퍼뜨렸어요. 유교에서는 부모에 대한 효와 사람의 도리, 사회 질서를 중요하게 여겼지요.

삼강오륜이 뭐예요?

우리나라는 언제부터 효를 중요하게 여겼을까요?
바로 조선 시대예요. 물론 이전부터 효를 다하는 것은 당연한 일이었어요. 하지만 조선 시대에는 예절과 도리를 중요시하는 유교가 나라를 다스리는 밑바탕이 되었으니 효를 더욱더 강조한 것이지요.
유교는 중국의 학자인 공자가 만들고, 맹자가 발전시킨 학문이에요.
조선에서는 유교의 한 갈래인 성리학이 발전했어요.
성리학은 우주의 질서와 사람의 마음에 대해 깊이 연구하는 학문이에요.
유교에서는 세 가지 기본 규범인 '삼강(三綱)'과 다섯 가지 도리인 '오륜(五倫)'이 전해져요. 이것을 합쳐 **삼강오륜**(三綱五倫)이라고 하지요.
자, 우리나라 사람들이 오랫동안 기본적인 사회 윤리로 지켜 온 삼강오륜의 내용을 살펴볼까요?

삼강

1. 군위신강(君爲臣綱)
임금은 신하의 본보기가 되어야 한다.

2. 부위부강(夫爲婦綱)
남편은 아내의 본보기가 되어야 한다.

3. 부위자강(父爲子綱)
아버지는 아들의 본보기가 되어야 한다.

오륜

1. 군신유의(君臣有義)
임금과 신하 사이에는 의리가 있어야 한다.

2. 부자유친(父子有親)
아버지와 아들은 친함이 있어야 한다.

3. 부부유별(夫婦有別)
남편과 아내 사이에는 구별이 있어야 한다.

4. 장유유서(長幼有序)
윗사람과 아랫사람 사이에는 차례가 있어야 한다.

5. 붕우유신(朋友有信)
친구와 친구 사이에는 믿음이 있어야 한다.

나라의 기틀을 마련한 태종

왕자들의 싸움 끝에 왕이 된 방원

이성계는 여덟 명의 아들 중 막내인 방석을 세자로 삼았어요.
조선을 세우는 데 가장 큰 공을 세운 다섯째 방원을 제쳐 놓고 말이에요.
그때 정도전도 나서서 이성계의 편을 들었어요. 정도전은 신하들이
중심이 되어 나라를 다스려야 한다고 생각했어요.

그런데 만약 왕의 힘이 강해야 한다고
생각하는 방원이 왕이 되면 신하들의 말에
귀 기울이지 않을 게 뻔했지요.
방원은 자신이 세자가 되지 못한 것에
불만을 품고 정도전과 두 아우인
방번, 방석을 죽였어요.

★세자 임금의 자리를 이을 임금의 아들을
부르는 말이에요.

새로운 나라, 조선

그 뒤 방원은 둘째 형인 방과(정종)를 왕위에 앉혔어요.
왕의 자리가 탐나서 두 아우를 죽였다고 백성들이 자신을 손가락질할까 봐
곧바로 왕의 자리를 차지하지 않은 거예요. 엉겁결에 잠시 왕의 자리를
맡은 정종은 왕 노릇을 별로 하고 싶지 않았어요.
때마침 넷째 방간이 왕의 자리를 노리고 달려들어
방원과 다투었어요. 결국 방원이 싸움에서 이기자
정종은 방원에게 왕위를 넘겨주고 물러났어요.
형제들과의 싸움 끝에 방원은 조선의 세 번째 임금,
태종이 되었어요.

그럼 형은 이제 물러나마.

→ 정종

으... 방원이한테 졌다!

→ 방간

지방 곳곳에 수령을 보냈어요

왕이 된 태종이 맨 먼저 한 일은 왕의 힘을 키우고, 나라의 기틀을 튼튼히 다지는 것이었어요. 이를 위해 크고 작은 나랏일을 6조로부터 보고받아 자신이 직접 처리하여, 몇몇 신하들이 힘을 키우는 것을 막았어요. 그리고 전국을 8도로 나누고, 왕의 명령에 따라 백성들을 다스릴 수령을 모든 군현에 보냈어요. 또한 개인이 병사를 거느리지 못하게 했으며, 불교를 억누르기 위해 절의 수를 줄이고 절에 속한 땅과 노비도 빼앗았어요.

★**6조** 조선 시대에 나랏일을 맡아 보던 여섯 개의 행정 기구를 뜻해요.
이조, 호조, 예조, 병조, 형조, 공조가 있어요.
★**수령** 각 고을을 맡아 다스리는 관리예요.
★**군현** 오늘날의 시·군과 같은 조선의 지방 행정 구역이에요.

우리가 바로 6조!

새로운 나라, 조선

백성들의 신분증, 호패

호패법이 전국적으로 실시되었어요. 백성들의 신분을 확인하고 군대에 갈 사람과 안 갈 사람, 세금을 낼 사람과 안 낼 사람을 구분하기 위해서였지요.

호패는 사는 곳, 신분, 이름, 생김새 등이 적혀 있는 신분증으로 열여섯 살 이상의 남자들만 가지고 다녔어요.

일반 백성들은 나무로 만든 호패를, 양반은 상아나 사슴의 뿔 등으로 만든 호패를 사용했는데, 호패를 가지고 다니지 않거나 남에게 빌려 주면 큰 벌을 받았답니다.

백성을 먼저 생각한 임금, 세종

왕이 된 세종

태종의 셋째 아들인 충녕대군이 태종의 뒤를 이어 왕이 되었어요. 바로 세종이에요. 어려서부터 총명하고 성품이 어질었던 세종은 아버지가 다져 놓은 기틀 위에 신하들과 힘을 합해 백성들이 살기 좋은 나라를 만들기 위해 애썼어요.
이를 위해 집현전을 두어 젊은 학자들이 모여 공부할 수 있게 하였고, 문화와 과학을 발전시켰지요.

★**집현전** 학문을 연구하기 위해 궁궐 안에 설치한 기관이에요.

새로운 나라, 조선

백성을 가르치는 바른 소리, 훈민정음

세종은 백성들이 글을 몰라 억울한 일을 당하는 것이 늘 안타까웠어요. 또한 백성들에게 자신의 생각을 잘 전달하고, 사람이 지켜야 할 도리를 가르치기 위해서는 그들이 글을 알아야 한다고 생각했어요. 그래서 1443년에 집현전의 젊은 학자들과 함께 훈민정음을 만들었어요. 여러 관리와 양반들은 한자가 아닌 한글을 쓰는 것이 옳지 않다고 주장했어요. 그들은 자신들만 글을 읽고 쓸 줄 알아야 한다고 생각했거든요. 처음에는 상민이나 여자들만 한글을 조금씩 사용했지만, 한글이 배우기 쉽고, 읽고 쓰기에도 편리하여 점차 널리 쓰였어요.

★훈민정음 한글의 원래 이름이에요. '백성을 가르치는 바른 소리'라는 뜻이지요.

▼ 훈민정음 해례본
훈민정음을 해설해 놓은 책이에요.

"글을 몰라 제 뜻을 펴지 못하는 백성을 안타깝게 여겨 새롭게 스물여덟 자를 만들었으니, 쉽게 익혀서 날마다 편리하게 사용하거라."

이건 기역!

우릴 위해 만드셨다고?

농사짓는 백성을 위해 과학 기술을 발전시켰어요

기생의 아들로 태어난 장영실은 경상도에서 노비로 살고 있었어요. 그런데 그 지역에 가뭄이 심하게 들어 백성들이 농사를 지을 수 없게 되었어요. 물건을 만드는 재주가 있던 그는 나무를 이용해 물을 퍼 올리는 수차를 만들어 가뭄을 이겨 낼 수 있게 해 주었어요. 이 소식을 들은 세종은 장영실을 궁궐로 불러들여 일을 하게 했어요. 그 뒤로 장영실은 여러 신하들과 함께 하늘의 움직임을 관측하는 혼천의, 자동으로 종이나 북을 울려 시간을 알려 주는 물시계(자격루), 해의 움직임에 따라 생기는 그림자로 시간을 재는 해시계(앙부일구), 강물의 높이를 재는 수표 등을 만들었어요.

★기생 술 시중을 들며 노래나 춤으로 흥을 돋우는 여자예요.

새로운 나라, 조선

이때 비의 양을 재는 기구인 측우기도 만들어졌어요.
측우기로 비가 얼마만큼 내렸는지 잰 뒤 그 양을 기록하여 백성들이 가뭄이나
홍수에 미리 대비할 수 있도록 했지요.
세종은 농사가 잘되어야 백성들이 편안하게 살 수 있고, 나라의 살림도
안정된다고 생각했어요. 그래서 각 지방의 기후와 땅의 상태에 맞는 농사법이
담긴 책인 〈농사직설〉을 펴내기도 했어요.

세종과 함께 조선을 이끈 신하들

왕과 백성을 섬긴 재상, 황희와 맹사성

세종 곁에는 훌륭한 재상 둘이 있었어요. 바로 황희와 맹사성이에요. 황희는 고려 때부터 이름난 관리였어요. 세종은 크고 작은 나랏일을 황희와 의논했지요. 황희를 도와 나라를 이끈 맹사성은 비가 오는 날이면 지붕에서 빗물이 새는 통에 집 안에서도 삿갓을 써야 할 정도로 검소하게 살았던 신하예요. 이들은 서로 힘을 합하고 부족한 점을 채워 주면서 위로는 왕을, 아래로는 백성을 잘 섬겼답니다.

★재상 임금을 도우며 모든 관리를 지휘하던 2품 이상의 벼슬을 말해요.

새로운 나라, 조선

압록강과 두만강까지 땅을 넓힌 두 장수, 최윤덕과 김종서

세종 대에 이종무가 일본의 쓰시마 섬을 정벌해 왜구를 물리치면서 한반도 남쪽은 잠잠해졌어요. 그러나 또 하나의 골칫거리가 남아 있었어요. 조선은 항상 북쪽의 국경선을 지키고 땅을 더 넓히기 위해 애썼어요. 그런데 여진이 국경을 넘어와 식량을 빼앗아 가고, 자꾸 백성들을 괴롭히는 거예요. 세종은 최윤덕과 김종서를 시켜서 백두산과 두만강 지역에 있던 여진족을 몰아내고, 4군과 6진을 설치해 군대를 머물게 했어요. 그리고 그곳에 각 지역의 백성들이 옮겨 와 살도록 했어요. 이로써 영토가 압록강에서 두만강까지 넓어지고, 국경선이 오늘날과 같아졌어요.

★**정벌** 적에게 피해를 주기 위해 공격하는 일이에요.

조선 왕은 하루를 어떻게 보냈을까요?

조선의 왕은 세자 시절부터 엄격한 교육을 받았어요.
한 나라를 다스리려면 그에 걸맞는 능력과 성품을 지녀야 하니까요.
이들은 보통 다섯 살이 되면 훌륭한 스승으로부터 글공부뿐만 아니라,
수 공부, 말타기, 활쏘기, 음악 등 여러 분야의 교육을 받았어요.
여기에 예절 교육과 더불어 좋은 성품을 지니기 위한 교육도 받았지요.
하루에 일곱 시간이 넘게 공부를 했다니, 굉장하지요?

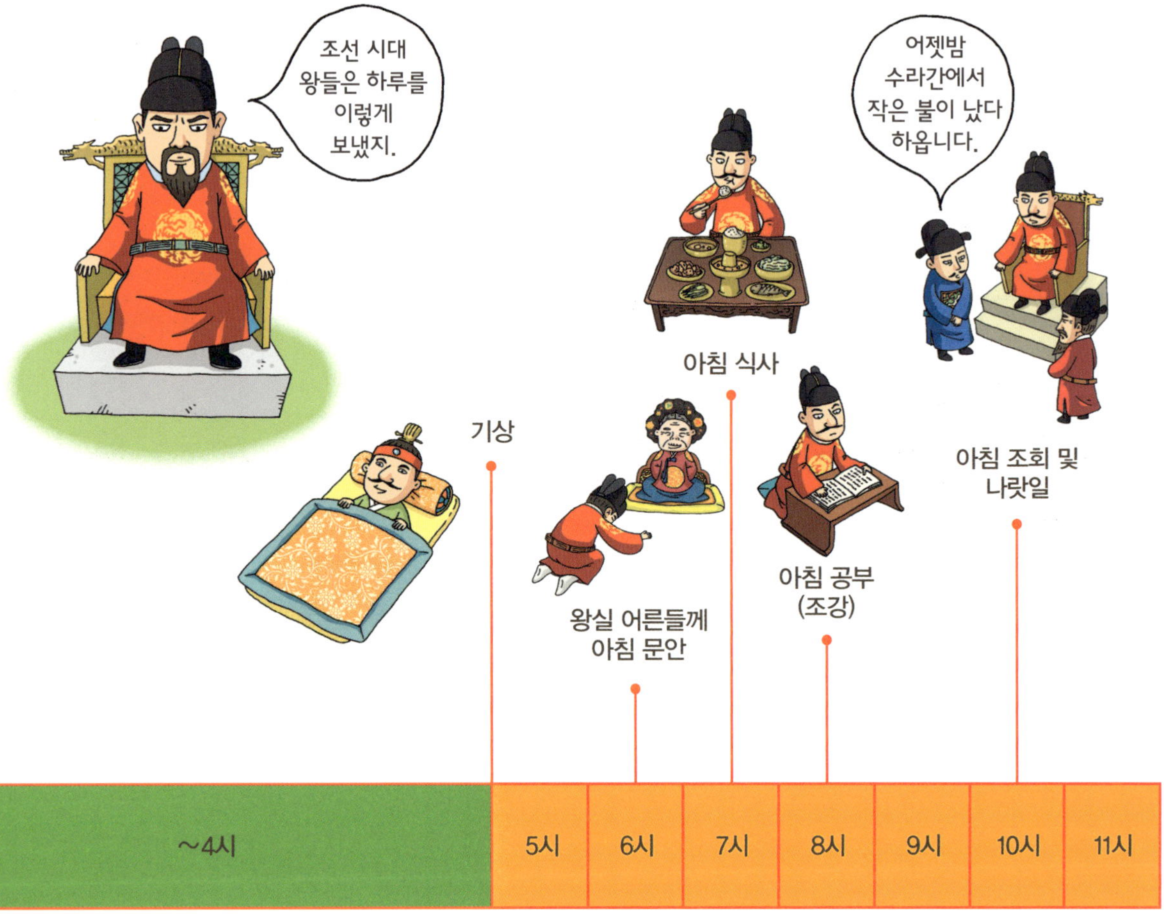

조선 시대 왕들은 하루를 이렇게 보냈지.

어젯밤 수라간에서 작은 불이 났다 하옵니다.

| ~4시 | 5시 | 6시 | 7시 | 8시 | 9시 | 10시 | 11시 |

기상 — 왕실 어른들께 아침 문안 — 아침 공부 (조강) — 아침 식사 — 아침 조회 및 나랏일

왕이 되면 조금 편해졌을까요?
천만에요. 왕이 된 뒤에는 더욱더 바쁜 하루를 보냈어요.
신하들과 나랏일 의논하기, 외국 사신 만나기, 궁궐을 지키는 군사에게
암호 정해 주기, 종묘나 사직단 제사에 참여하기, 여기에 기본적인 공부까지!
해야 할 일이 만 가지가 넘었다고 해요.
왕은 명절날이나 높은 벼슬을 지낸 신하가 죽었을 때에야 잠시 쉴 수 있었어요.
그래서일까요? 조선의 왕들은 오래 살지 못했는데, 보통 마흔다섯 살까지
살았다고 해요. 좋은 음식을 먹고 늘 건강을 돌보았지만, 일이 많고 운동도 부족해
건강이 좋지 않았던 모양이에요.

- 점심 식사
- 점심 공부 및 나랏일
- 궁궐 안팎의 야간 숙직자 확인 ("수고가 많군. 졸지 말게.")
- 저녁 공부 (석강)
- 저녁 식사
- 저녁 문안
- 상소문 읽기
- 취침 ("아... 피곤한 하루였어.")

| 12시 | 13시 | 14시 | 15시 | 16시 | 17시 | 18시 | 19시 | 20시 | 21시 | 22시 | 23시~ |

역사 놀이터

낱말 퍼즐을 다 맞히고 그 위에 색을 칠하면 한 단어가 나타납니다.
재미있는 퍼즐도 풀고 비밀의 단어도 맞혀 보세요.

★가로 문제
1. 왕위에 오른 이성계가 억누른 종교로, 고려 시대 말기에 이 종교의 지도자들이 부정부패를 일삼았어요.
2. 고려의 도읍지로, 이성계가 조선을 세운 뒤에도 잠시 이곳을 도읍지로 삼았어요.
3. 해시계, 물시계, 혼천의 등을 만든 세종 때의 과학자예요.
4. 1443년 세종이 집현전 학자들과 함께 만든 우리글이에요. '백성을 가르치는 바른 소리'라는 뜻이에요.
5. 경복궁의 오른쪽(서쪽)에 두고 땅의 신과 곡식의 신에게 제사를 지내던 곳이에요.

★세로 문제
1. 이성계가 한양에 맨 처음 세운 궁궐로, 이름에 '큰 복을 빈다'는 뜻이 담겨 있어요.
2. 우리글을 부르는 말이에요. 옛 이름은 훈민정음이에요.

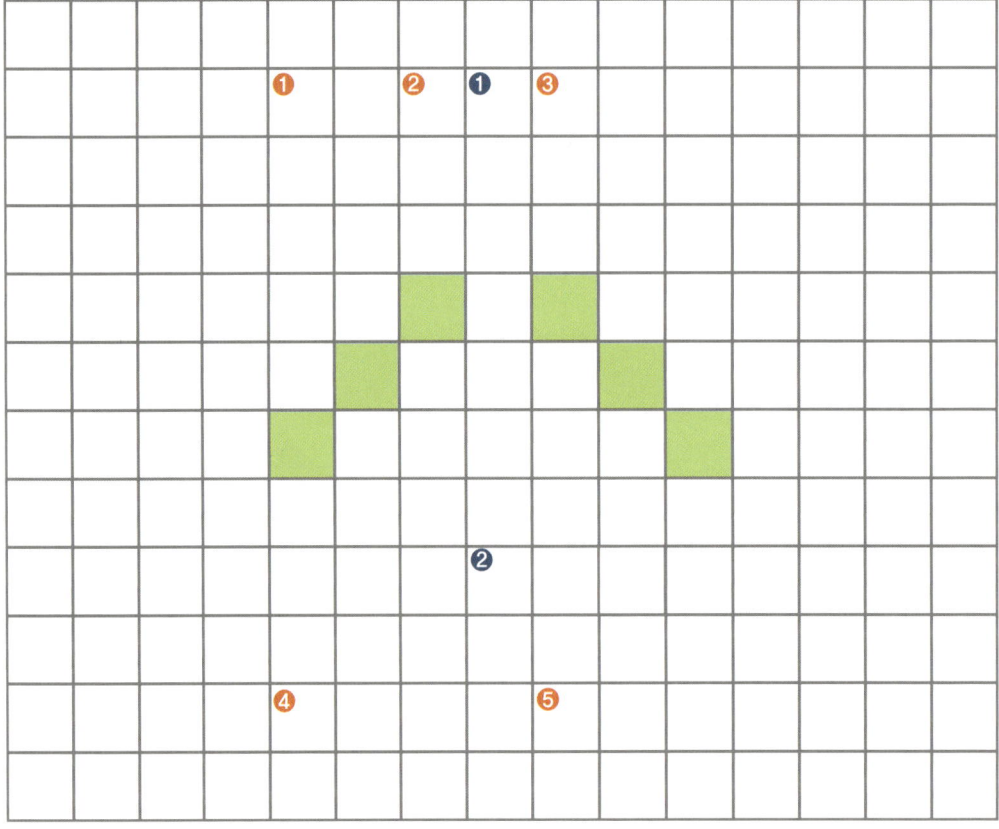

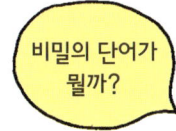

★ 가로 문제

① 고려의 무신 이성계가 왕의 명령으로 명나라를 치러 가다가 군대를 돌린 곳이에요.
② 고려 시대 말기에 새롭게 떠오른 세력으로, 성리학을 공부한 학자들이에요.
③ 삼강의 하나로, 아내는 남편을 섬겨야 한다는 뜻이에요.

★ 세로 문제

① 왕의 조상에게 제사를 지내기 위해 경복궁의 왼쪽(동쪽)에 지은 곳이에요.
② 열여섯 살 이상의 남자들이 가지고 다니던, 조선 시대의 신분증이에요.
③ 중국에서 공자가 만든 학문으로, 예절과 도리를 중요시했어요. 조선을 다스리는 밑바탕이 되었어요.
④ 고려 때부터 이름난 관리로, 세종 때 청렴결백한 성품으로 왕과 백성을 섬기던 재상이에요.
⑤ 이성계가 나라의 이름을 정한 뒤 새로 옮긴 조선의 도읍지예요. '한성'으로 이름을 고쳐 불렀어요.
⑥ 한 나라의 서울로 삼은 곳을 말해요. 고려의 ○○○는 개경, 조선의 ○○○는 한성이었어요.
⑦ 오륜의 하나로, 친구와 친구 사이에는 믿음이 있어야 한다는 뜻이에요.

나라의 기틀이 마련되어 안정되면서 신하들 마음속에 서로 다른 생각이 싹텄어요. 그리고 비슷한 생각이나 배경을 가진 사람들끼리 무리가 나뉘며 갈등이 시작되었어요.
한편 조선 시대 사람들은 태어날 때부터 양반, 중인, 상민, 천민으로 신분이 나뉘었어요. 같은 하늘 아래에서 태어났지만, 신분에 따라 사는 모습이 무척 달랐어요. 상민의 아들들은 부모를 거들며 농사일을 하느라 바빴던 반면, 양반의 아들들은 글을 배우고 과거 시험을 준비했지요.
지금부터 **갈등을 딛고 안정을 이룬 조선**과 그 속에서 살아간 백성들의 생활 모습을 살펴보아요.

왕권을 강화한 세조

왕이 되고 싶은 수양대군

세종이 세상을 떠난 뒤 왕이 된 문종은 몸이 약해서 왕위에 오른 지 얼마 되지 않아 죽고 말았어요. 그래서 그의 아들 단종이 열두 살에 왕이 되었지요. 문종은 숨을 거두면서 세종 때 6진을 설치하고 여진을 몰아낸 충신 김종서에게 어린 단종을 부탁했어요. 자연스럽게 김종서와 그 주변 신하들에게 힘이 쏠리자, 단종의 작은아버지인 수양대군과 안평대군 등 왕족들이 불안을 느끼고 힘을 키우기 시작했어요.

수양대군
흥! 누구 맘대로….

단종

김종서
제가 지켜 드리겠습니다.

갈등을 딛고 안정을 이룬 조선

마침내 왕(세조)이 된 수양대군

호시탐탐 왕의 자리를 노리던 수양대군이 반란을 일으켰어요. 김종서가 안평대군을 왕으로 세우려 했다는 모략을 꾸미며, 김종서를 비롯한 반대파를 모두 해치운 거예요. 왕이 되는 데 걸림돌이었던 동생, 안평대군마저 귀양을 보내 죽였고요. 이 모든 상황을 지켜보던 단종은 수양대군에게 왕의 자리를 내주었어요. 이제 수양대군은 조선의 제7대 임금인 세조가 되었어요.

★**모략** 속임수를 써서 남을 해롭게 하는 일이에요.
★**귀양** 죄인을 멀리 떨어진 시골이나 섬에 보내는 형벌이에요.

강력한 정치를 펼쳤어요

세조는 왕의 힘을 더욱더 키우고 싶었어요. 그래서 나라의 중요한 일은 자신이 직접 결정했지요. 각 고을은 수령들이 왕의 명령에 따라 다스리게 하고, 국경도 튼튼히 했어요. 또 현재 벼슬을 하고 있는 관리들에게만 세금을 거둘 수 있는 권리를 주고, 벼슬에서 물러난 관리들은 더 이상 세금을 걷지 못하게 했어요.

눈엣가시였던 집현전도 없애 버렸어요. 성삼문, 박팽년을 비롯한 집현전 학자들이 단종을 다시 왕으로 세우기 위해 일을 꾸몄거든요. 그 사실을 안 세조는 그 일과 관계된 신하들을 처형하고 단종마저 죽였어요.

공을 세운 훈구파

세조는 자신이 왕이 되는 데 힘쓴 한명회, 신숙주 같은 신하들을 공신★으로 치켜세우며 중요한 자리에 앉혔어요. 이들이 하나의 세력을 이루며 '훈구파'가 되었지요.

훈구파는 그 대가로 나라에서 땅과 노비, 재산을 받았으며 죄를 지어도 벌을 받지 않았어요. 게다가 이들의 자손들까지 높은 벼슬을 받는 등 특별한 혜택을 누렸어요. 훈구파는 점차 권력을 이용해 자신들의 재산을 불리는 데에만 관심을 쏟더니 급기야 왕이 하는 일에 깊이 간섭하기 시작했어요.

★**공신** 나라를 위하여 특별한 공을 세운 신하를 뜻해요.

나라를 평안하게 이끈 성종

문물제도를 갖추고 백성들을 살폈어요

세조의 둘째 아들이었던 예종이 일찍 세상을 떠나자 예종의 조카인 성종이 열세 살의 어린 나이에 조선의 아홉 번째 왕이 되었어요. 그래서 7년 동안 수렴청정을 거친 뒤에야 직접 나라를 다스릴 수 있었지요.

성종은 세종이 그랬던 것처럼 신하들의 말에 귀를 기울이고, 그들과 함께 나랏일을 의논했으며 문화를 크게 발전시켰어요.

★**수렴청정** 나이 어린 임금을 대신해 어머니인 왕대비나 할머니인 대왕대비가 나랏일을 하는 것을 말해요.

갈등을 딛고 안정을 이룬 조선

특히 유교 정치에 더욱더 힘을 실으면서 집현전과 비슷한 기관인 홍문관을
만들어 젊고 능력 있는 학자들을 길러 냈어요. 지리책인 〈동국여지승람〉,
역사책인 〈동국통감〉 등 여러 가지 책도 펴냈고요.
무엇보다도 성종은 백성을 위하는 마음이 큰 임금이었어요.
성종은 백성들이 실제로 어떻게 살아가는지 살피기 위해서 종종 평상복을
입고 궁궐 밖으로 나갔어요.
그때마다 신하들은 임금에게 무슨 사고라도 생기지 않을까 걱정하며
성종을 말렸어요. 하지만 성종은 "백성이 잘 사는지 못 사는지를 내 눈으로
직접 보아야 하지 않겠느냐." 하며 도성 안팎을 구석구석 돌아다녔어요.

새로운 세력을 관리로 뽑았어요

성종은 이제 자신의 뜻대로 나라를 다스리고 싶었어요.
하지만 훈구파가 걸림돌이 되곤 했어요. 훈구파가 자신들의 힘을 이용해
왕실을 쥐락펴락하고 있었거든요. 그래서 성종은 훈구파가 나랏일을
좌지우지하지 못하도록 차츰차츰 새로운 사람들을 관리로 뽑아 곁에 두기
시작했어요. 그들은 대부분 지방에서 열심히 성리학을 공부하고 교육에
힘쓰던 사람들로, '사림파'라고 불렸지요.
자신들이 배운 도리를 실천하면서 정의롭게 살려고 노력한 사림파는
훈구파를 비판하며 그들과 맞섰어요.

조선 최고의 법전 〈경국대전〉을 완성했어요

세조 때부터 만들기 시작한 〈경국대전〉이 성종 때에 이르러 완성되었어요. 〈경국대전〉은 조선을 다스리는 데 기준으로 삼은 법전이에요. 그 속에는 나라의 관리는 어떠해야 하는지, 죄를 지었을 때에는 어떤 벌을 받는지, 세금 제도나 과거 제도, 땅과 집을 사고파는 문제, 결혼·장례·제사 등 정치·경제·사회·문화에서 백성들의 생활 구석구석에 이르기까지 조선에 꼭 맞는 규범들이 담겨 있답니다.

폭군이라 불린 연산군

성종이 죽자 그의 큰아들인 연산군이 왕위에 올랐어요.
그는 아버지와 달리 신하들의 간섭을 무척 싫어했어요.
어느 날 연산군은 자신이 어릴 때 세상을 떠난 어머니 윤씨에 얽힌 비밀을 알게 되었어요. 성종의 부인이었던 윤씨는 질투가 심했어요.
성종이 후궁들을 아끼자, 성종의 얼굴에 상처를 내기도 했지요.

★**후궁** 임금의 본부인이 아닌 다른 부인을 뜻해요.

갈등을 딛고 안정을 이룬 조선

결국 윤씨는 후궁을 죽이려고 독약을 숨긴 사실이 밝혀져 궁궐에서 쫓겨나 사약을 받았어요.

이 모든 사실을 알게 된 연산군은 분노하여 성종의 두 후궁을 궁궐 뜰에서 죽이고, 그 아들들마저 해치웠어요. 또한 자신의 뜻에 반대하는 사람들과 윤씨의 죽음을 찬성했던 신하들을 모두 없앴지요. 이미 죽은 사람의 무덤을 파서 다시 죽이기도 했어요. 그 뒤 연산군은 나라를 다스리는 일에는 관심을 두지 않고, 잔치를 열고 방탕한 생활을 했어요. 백성들을 쫓아내고 집을 부숴 자신만의 사냥터를 만들기도 했지요.

흥에 겨워 마음대로 즐기는 모양새를 뜻하는 '흥청망청'이라는 말이 이때 생겨났다고 해요.

★**사약** 왕족이나 관리가 큰 죄를 지었을 때 임금이 내리는 독약이에요.

중종과 조광조의 같은 꿈, 다른 꿈

중종의 인정을 받은 조광조

연산군의 행동이 점점 포악해지자, 여러 신하들은 연산군을 몰아내고
그의 동생인 진성대군을 왕(중종)으로 세웠어요.
중종은 사림파와 힘을 합하여 새롭게 나라를 다스리려고 했어요.
사림파 가운데 유독 눈에 띄는 사람이 있었어요. 바로 조광조예요.
조광조는 왕에게 바른말을 잘했으며, 능력 있고 인품이 올곧은 선비를 추천해
관리로 뽑도록 하는 등 나라의 잘못된 점을 바로잡기 위해 애썼어요.
특히 그는 중종이 왕이 되는 과정에서 공을 세우지도 않은 사람들을
특별 대우 해 줘서는 안 된다고 강하게 주장했어요.

갈등을 딛고 안정을 이룬 조선

꺾여 버린 조광조의 개혁

조광조의 움직임이 못마땅했던 훈구파는 궁리 끝에 조광조를 없앨 계획을 세웠어요. 그 계획 중 하나가 나뭇잎 사건이에요. 나뭇잎에 꿀로 '주초위왕(走肖爲王)'이라고 써서 벌레가 글씨 부분을 갉아먹게 한 뒤 왕에게 보여 주었다나요? 주(走)와 초(肖)를 합하면 조(趙)가 되니 주초위왕이란 '조씨가 왕이 된다'는 뜻이지요. 여기에서 조씨는 다름 아닌 조광조를 가리키고요. 때마침 중종도 개혁을 과격하게 밀어붙이는 조광조가 부담스러웠어요. 그래서 이 사건을 핑계 삼아 조광조를 귀양 보내 사약을 내리고 사림파도 몰아냈지요.

★**개혁** 새롭게 뜯어고친다는 뜻이에요.

의로운 도둑, 임꺽정

훈구파와 사림파의 다툼이 날로 심해지자 나라가 어지러웠어요. 왕의 힘은 약해지고, 몇몇 세력들이 권력을 차지했지요. 지방의 탐관오리들은 백성들에게 엄청난 세금을 거두어 자신들의 욕심만 채웠고요. 게다가 흉년에 전염병까지 겹쳐서 백성들은 살 곳을 잃고 떠돌았어요. 하루하루 끼니를 때우기도 어려워지자 이들은 산으로 들어가 도둑질이라도 해야겠다고 생각했어요.

★**탐관오리** 백성들의 세금으로 자기 욕심을 채우는 등 행동이 바르지 못한 관리를 말해요.

우하하하 다 내 거야! 끄~윽, 배부르다.

차라리 산으로 들어가요.

이제 도둑질이라도 해야 하나?

그즈음, 황해도 지역에서 이상한 소문이 들려왔어요. 임꺽정이라는 도둑이 양반집과 관청의 곡식을 훔쳐서 가난한 백성들에게 나누어 준다는 게 아니겠어요? 벼슬아치들은 임꺽정을 잡으려고 사방으로 뛰어다녔지만, 오히려 백성들은 임꺽정이 잡히지 않기를 바랐어요. 임꺽정은 결국 3년 만에 붙잡혀 죽임을 당했지만 백성들의 마음에는 영웅으로 남았어요.

사림파가 다시 힘을 얻었어요

정치의 중심이 된 사림파

그사이 훈구파가 몇 번씩이나 사림파를 공격하면서 많은 사림파 신하들이 죽거나 벼슬을 내놓아야 했어요. 하지만 사림파는 그런 과정을 겪으면서도 계속 성장해 나갔어요. 훈구파와 달리 자신들의 욕심을 채우기보다는 백성과 나라를 위한 정치가 먼저라고 생각했기 때문이에요.

때마침 왕위에 오른 선조가 어지러운 조선을 바로잡기 위해 자신의 곁으로 사림파를 불러들이기 시작했어요. 결국 훈구파는 모두 밀려나고 비로소 사림파가 정치의 중심에 우뚝 섰어요.

갈등을 딛고 안정을 이룬 조선

서원을 통해 제자를 길러 낸 사림파

서원은 뜻있는 선비들이 학문을 닦고, 제자들을 길러 내기 위해 지방에 세운 교육 기관이에요. 이곳에서는 주로 양반의 자식들이 과거 시험을 준비하거나, 훌륭한 선비가 되기 위해 공부했어요. 서원은 훈구파의 공격으로 정치에서 물러난 사림파 신하들이 다시 일어설 수 있었던 바탕을 마련해 주기도 했어요. 이들은 서원에서 제자들을 기르며 학문을 닦아 자신들의 힘을 키웠거든요. 나라에 잘못된 점이 있을 때에는 의견을 모아 조정에 전달하기도 했고요. 사림파가 정치의 중심 세력이 되면서 서원이 더 많이 세워졌어요.

★조정 임금이 나라의 정치에 대해 신하들과 의논하거나 집행하는 곳이에요.

도산서원 이황을 기리기 위해 그의 제자들이 세운 서원

성리학을 발전시킨 이황과 이이

이황과 이이는 조선의 대표적인 성리학자이자 정치가예요. 이황은 관직에서 물러난 뒤 고향에 내려가 성리학을 더 깊이 연구하여 발전시키고 제자를 길러 냈어요. 유교에 뿌리를 둔 사회를 만들기 위한 소망을 담아 임금에게 글을 올리기도 했고요. 이이는 정치에 적극적으로 참여하는 동시에 성리학도 열심히 연구했어요. 이들은 혼란스러운 세상을 바로잡고 백성들을 위한 정치를 펼치는 데 한뜻을 모았어요.
이황과 이이가 무려 36년이라는 큰 나이 차이에도 불구하고 서로를 돕고 격려할 수 있었던 것은 나라와 백성을 사랑하는 마음이 같았기 때문이랍니다.

갈등을 딛고 안정을 이룬 조선

사림파가 둘로 나뉘었어요

사림파가 다시금 조정에서 힘을 되찾으면서 안정이 찾아오는 듯하더니, 이내 새로운 움직임이 나타났어요. 가까운 지역에 살거나 학문과 정치적 생각이 비슷한 사람들끼리 모이기 시작한 거예요. 선조 때에 '동인'과 '서인' 두 무리로 나뉘었는데, 이를 '붕당'이라고 해요. 신하들은 붕당을 지어 서로 견제하고 비판하며 나라를 함께 이끌어 가려고 했어요. 하지만 시간이 지날수록 권력을 독차지하고, 다른 세력을 인정하지 않는 경우가 생겨났어요.

양인과 천민으로 나뉜 백성

조선 시대에는 태어나면서부터 부모로부터 신분을 물려받았어요. 신분은 크게 둘로 나뉘었어요. 바로 양인과 천민이에요. 양인은 벼슬을 할 수 있는 권리와 함께 나라에 세금을 내고, 군인이 되거나(군역) 관청, 궁궐을 짓는 나라의 공사에 불려 나가는(요역) 등 여러 가지 의무를 지닌 사람들이에요. 그런데 실제로 양인은 다시 세 개의 신분으로 나뉘었어요. 양반, 중인, 상민이 그것이지요.

천민은 대부분 노비들이었어요. 이들은 개인이나 관청에 속해 있었으며, 어떤 권리나 의무도 없었고 생활이 자유롭지도 못했어요.

갈등을 딛고 안정을 이룬 조선

양반들은 어떻게 살았나요?

조선의 지배층인 양반

조선은 양반이 중심이 된 나라였어요. 양반은 '관직에 나갈 수 있는 집안의 사람'을 뜻해요. 이들은 주로 공부를 하고 과거 시험을 치러 나라의 관리가 되었지요. 관리가 된 뒤에는 나라로부터 땅이나 곡식을 받고, 노비들을 거느리면서 넉넉한 생활을 했고요.
원래 양인은 누구나 군인이 되고 공사에 불려 나갈 의무가 있었어요. 하지만 양반은 관리가 되어 나랏일을 함으로써 그 의무를 대신했어요.
심지어 죄를 지어도 벌금을 물고 끝내거나 집안의 노비가 대신 벌을 받게 했지요. 이렇듯 조선의 양반은 아주 특별한 대접을 받는 사람들이었어요.

과거 시험을 보고 관리가 되었어요

조선 시대에는 관리가 되려면 과거 시험에 합격해야 했어요. 과거 시험에는 문과, 무과, 잡과가 있었는데 문과 시험은 다시 소과와 대과로 나뉘었어요.

소과에 합격하면 성균관★에 입학하거나 낮은 관리가 될 수 있었으며, 일부는 대과를 준비했어요. 대과를 통과해야만 높은 벼슬에 오를 수 있었거든요.

무과는 군사 일을 맡아보는 관리인 무관이 되는 시험이고, 잡과는 통역을 맡는 관리인 역관이나 의료를 책임지는 의관 같은 기술 관리가 되는 시험이에요.

★**성균관** 조선 최고의 교육 기관이에요.

갈등을 딛고 안정을 이룬 조선

높은 관리의 자식들은 과거 시험을 치르지 않아도 관리가 될 수 있었지만 높은 자리에 오르려면 과거에 합격하는 것이 유리했어요. 그런데 과거를 볼 수 없는 사람들도 있었어요. 큰 죄를 지은 사람이나 재혼한 여자의 아들들이지요. 그리고 서얼과 그의 자손들은 문과 시험을 볼 수 없었어요.

★**서얼** 양반의 본부인이 아닌 다른 여자(첩)가 낳은 아들을 뜻하는 '서자'와 서자 중에서도 어머니가 천민인 '얼자'를 아울러서 부르는 말이에요.

담장 높은 양반의 집

조선 시대에는 집도 신분에 맞게 지었어요. 같은 양반이어도 벼슬의 높고 낮음에 따라 집의 크기가 달랐지요. 높은 벼슬을 지낸 사람의 집은 서른 칸에서 마흔 칸 정도였어요. 아흔아홉 칸짜리 집을 지은 양반도 있었다고 해요.

★칸 기둥과 기둥 사이를 한 칸이라고 해요.

갈등을 딛고 안정을 이룬 조선

양반의 집은 지붕에 기와를 얹은 기와집으로, 높은 대문과 담장으로 둘러싸여서 안을 들여다보기 쉽지 않았어요. 또 남자와 여자가 생활하는 공간이 나뉘어 있어서 여자는 안채, 남자는 사랑채에서 생활했어요.

행랑채에는 집안의 하인들이 머물렀으며, 별채는 손님을 치르는 등 여러 가지 용도로 쓰였고, 사당에는 조상들의 위패를 모셔 놓았어요. 또 부엌을 반빗간이라고 하여 따로 두었어요.

★**위패** 조상의 이름을 적은 나무패예요.

조선 시대 아이들은 어떤 학교에 다녔을까요?

조선 시대에는 지금의 초등학교와 같은 서당이 있었어요.
아이들은 보통 7~8세가 되면 서당에 다니며 훈장에게 글을 배웠어요.
〈천자문〉으로 한자를 깨친 다음 〈동몽선습〉, 〈명심보감〉, 〈소학〉, 〈사서오경〉 등을 배우고 익혔지요.
서당에서 공부를 마친 학생들은 한성의 4부학당이나 지방의 향교에서 교육을 받았어요.

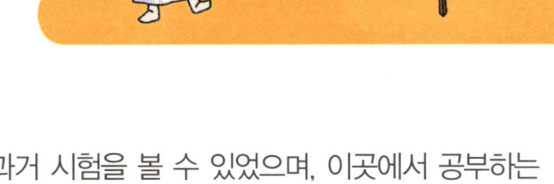

학당이나 향교를 졸업하면 과거 시험을 볼 수 있었으며, 이곳에서 공부하는 학생들은 군대에 가지 않아도 되었어요.
서당, 학당, 향교는 양반뿐만 아니라 상민의 자식도 들어갈 수 있었어요.
하지만 먹고살기 힘든 상민의 자식이 학교에 다니는 경우는 드물었지요.

성균관은 학당이나 향교와 같이 나라에서 세운, 조선 최고의 교육 기관이에요.
지금의 대학교와 같지요. 성균관에는 주로 양반집 자식들이 들어갔어요.
성균관의 학생들을 유생이라고 하는데, 이들은 기숙사에서 생활하면서 훌륭한
선생님들의 수업을 받으며, 높은 관리가 되기 위해 과거 시험을 준비했어요.
유생들은 마음이 맞는 친구들끼리 모여 동아리를 만들거나 토론을 벌이기도
했어요. 또한 축제 때에는 모의재판을 열어 판결을 내리기도 하고, 과거 시험
놀이를 하는 등 자신들만의 놀이를 만들어 즐기기도 했지요.
이러한 성균관의 축제를 '궐희'라고 해요.

성균관 명륜당

중간 신분인 중인들

중인은 양반과 상민의 중간 신분을 말해요. 잡과 시험을 통과해 의사, 법률가, 통역관, 화가 등 기술 관리가 된 사람들이지요.
수령을 도와 지방을 다스리는 데 필요한 일을 하던 향리도 중인에 속해요.
중인들은 전문적인 일을 하는 사람들이었지만 오늘날처럼 좋은 대우를 받지 못했어요.

갈등을 딛고 안정을 이룬 조선

서얼도 중인에 속해요. 이들은 양반 아버지 밑에서 태어났지만 첩의 자식이기 때문에 아무리 능력이 뛰어나도 높은 벼슬을 할 수 없었어요. 허균의 소설인 〈홍길동전〉의 주인공 홍길동이 바로 서얼 출신이랍니다.
중인들 중에는 양반을 도와 일하며 재산을 모아 제법 떵떵거리며 사는 사람들도 있었어요. 그렇지만 모든 부분에서 양반들로부터 차별을 받아야 했어요.
중인들 가운데 일부는 함께 모여서 시를 짓고, 그림을 그리며 자신들만의 문화를 만들기도 했어요.

상민들은 어떻게 살았나요?

농사짓고 세금 내는 조선의 상민들

조선 시대의 상민들은 대부분 농사를 짓는 농민이었어요. 이들은 조상에게 물려받은 땅에서 농사지으며 농작물 중 일정한 양을 나라에 세금으로 냈어요. 남의 땅을 빌린 경우에는 땅 주인에게 농작물을 바쳤고요. 또 나라의 크고 작은 공사에 불려 나가기도 하고, 군인이 되어 나라를 지키기도 했어요.

농사철이 되면 농촌에 일손이 많이 필요했어요. 그래서 농민들은 이웃끼리 서로 도우며 농사일을 함께 하는 조직인 '두레'를 만들었어요. 주로 모를 옮겨 심는 모내기나 잡풀을 뽑는 김매기를 할 때 두레를 이용했지요. 두레의 전통은 오랫동안 농촌에 이어져 내려왔어요.

갈등을 딛고 안정을 이룬 조선

두레를 이용해 농사일을 할 때 한쪽에서는 농악대의 흥겨운 풍물 소리가 울렸어요. 일이 끝나면 농민들은 술과 음식을 나눠 먹으며 피로를 풀었지요.

★**풍물** 농악에 쓰이는 악기인 징, 꽹과리, 장구, 북을 말해요.

초가삼간 상민들의 집

상민들의 집은 지붕을 짚이나 갈대로 덮은 초가집으로, 집 주변으로는 나무 울타리나 돌담을 둘러쳤어요.

갈등을 딛고 안정을 이룬 조선

초가집은 양반들이 사는 기와집과 완전히 달랐어요. 곡식을 넣어 놓는 곳간이나 농기구 등을 두는 헛간이 딸린 집도 있었지만, 대부분 부엌 한 칸, 방 두 칸 정도의 작은 크기였지요. 이렇게 세 칸밖에 안 되는 상민들의 초가집을 '초가삼간'이라고 불러요.

집 크기가 작기 때문에 여자와 남자가 생활하는 곳도 나뉘지 않았어요. 상민들은 부엌 아궁이에 불을 지펴 음식을 해 먹고, 구들을 놓아 방을 따뜻하게 했어요. 작은 앞마당에서는 곡식을 말리기도 했고요. 마당 한쪽에는 장독대를 마련해 간장과 된장을 담가 먹었지요.

★**구들** 아궁이에 불을 지펴서 방바닥에 깐 돌을 달구어 방을 데우는, 우리 고유의 난방 장치예요.

오늘은 꼭 갑순이한테 고백해야지.

상인과 수공업자도 상민이에요

상민 중에는 농민만 있는 것이 아니에요. 물건을 파는 상인과 물건을 만드는 수공업자 역시 상민에 속해요.

상인에는 나라에서 지어 준 상점에서 물건을 파는 시전 상인과 돌아다니며 물건을 파는 보부상★ 등이 있었어요. 시전 상인 중에서도 비단, 무명, 명주, 종이, 모시, 생선, 이렇게 여섯 가지 물건을 파는 육의전의 상인들은 왕실과 관청에 물건을 대며 특별한 권리를 누렸어요.

★**보부상** 물건을 보자기에 싸서 다니는 봇짐장수인 '보상'과 지게에 지고 다니는 등짐장수인 '부상'을 합쳐 부르는 말이에요.

갈등을 딛고 안정을 이룬 조선

수공업자는 관청에 속하여 나라에 필요한 도자기, 종이, 무기 등을 만드는 사람들이에요. 수공업자들이 만드는 물건의 종류를 나라에서 정해 놓고 관리했기 때문에 대부분의 백성들은 옷, 짚신 등 생활에 필요한 물건을 집에서 직접 만들어 써야 했어요.

조선 시대 초기에는 나라에서 상인과 수공업자들이 자유롭게 장사를 하거나 물건을 만들지 못하도록 철저하게 관리했어요. 상공업이 발달하면 농민들이 나라 살림에 기본이 되는 농사를 짓지 않을까 봐 걱정이 되었기 때문이에요. 그래서 같은 상민이라고 해도 상인과 수공업자는 농민보다 낮은 대우를 받았어요.

★**상공업** 상업과 (수)공업을 아우르는 말이에요.

가장 낮은 대우를 받은 천민

천민은 가장 낮은 신분으로 대부분이 노비였어요. 법으로 따지자면 노비만 천민에 속했으나 굿을 하거나 앞일을 점치는 무당, 소나 돼지 등을 잡는 백정, 탈놀이나 줄타기 등 묘기로 사람들에게 즐거움을 주는 광대, 술 시중을 들며 노래나 춤으로 흥을 돋우는 기생 역시 천민과 다름없는 삶을 살았어요. 이들에게는 나라에 세금을 내거나 군인이 되는 등 어떠한 의무도 없었어요. 동시에 아무런 권리도 없었지요. 과거 시험을 볼 수도 없었으며, 차별 대우도 많이 받았어요. 특히 노비는 주인의 재산으로 여겨졌기 때문에 주인들은 마음대로 노비를 사고팔거나, 자손들에게 물려주었어요.

노비의 신분은 자식에게도 이어졌어요. 부모 중 한 사람이 노비면 그 자식도 노비가 되었지요. 양인 중에서 큰 죄를 짓거나 나라에 세금을 내지 못해 노비가 되는 경우도 있었어요. 집안 형편이 어려워서 세끼 밥이라도 먹기 위해 스스로 양반집에 노비로 들어가는 상민들도 많았고요. 하지만 나라에서는 상민이 줄고 노비의 수가 늘어나는 것이 걱정이었어요. 나라에 세금을 내는 상민이 줄어들면 그만큼 나라의 살림이 어려워지기 때문이에요.

역사 놀이터

조선 시대에는 양반, 중인, 상민, 천민으로 신분이 나뉘어 있었어요. 각 신분의 소개를 읽고 ○에 들어갈 낱말을 낱말 상자의 가로, 세로, 대각선에서 각각 하나씩 찾아 색칠해 보세요.

우리 양반은 말이야, ㉠와 집에서 살았어. 최고의 교육 기관인 성균관에서 공부를 하고, 과거 시험에 합격해 높은 관리가 되었지.

*66~71쪽을 참고하세요.

광	해	염	의	유	기	도
성	균	관	추	관	금	자
파	종	당	과	윤	희	왕
붕	과	백	조	기	룡	무
소	거	민	창	신	와	희
궁	시	와	복	당	사	집
론	험	노	계	화	박	매

천	물	희	재	펼	싶	사
전	계	서	상	희	종	역
환	룡	얼	지	오	학	리
의	금	관	자	기	집	염
거	사	박	매	화	계	당
시	도	험	신	향	리	파
봉	궁	론	험	희	왕	무

중인 가운데에는 ○○, 법률가, 통역관, 화가 등 기술 관리가 많아. 수령을 돕는 ○○가 되기도 했지. 아버지가 양반이지만 어머니가 첩인 ○○ 역시 중인이야.

*72~73쪽을 참고하세요.

우리 상민은 대부분이 ○○이야. 물건을 파는 ○○, 물건을 만드는 ○○○○도 상민에 속해.

*74~79쪽을 참고하세요.

펼	음	민	백	수	희	검
향	시	희	관	공	박	복
복	험	예	왕	업	네	매
농	민	북	망	자	마	창
산	남	악	객	광	도	가
세	조	탕	입	펴	상	동
염	룡	종	과	윤	태	인

조	입	펴	동	현	광	대
창	휴	태	평	빈	추	만
복	남	악	객	광	도	가
계	희	분	차	매	화	계
경	노	규	희	별	문	공
탕	비	종	과	윤	대	부
당	물	룡	자	보	오	우

우리 천민은 대부분이 ○○야. 무당, 백정, ○○, 기생도 천민 취급을 받았지. 우린 ○○○○를 많이 받아서 서러워.

*80~81쪽을 참고하세요.

아무런 준비도 없던 조선에 일본이 쳐들어와 모조리 휩쓸고 갔어요.
곡식이 무르익어 가던 조선 땅은 엉망이 되었고, 많은 백성들은 제 고향을 등지고 떠나야만 했지요.
7년 동안의 긴 전쟁은 조선 사회와 백성을 짓밟아 놓았답니다. 그런데 일본이 가져다준 전쟁의 상처가 채 아물기도 전에 청나라가 조선에 쳐들어왔어요.
조선 사람들이 **조선을 휩쓴 큰 전쟁들**을 어떻게 헤쳐 나갔으며, 전쟁이 끝난 뒤 어떤 변화를 맞았는지 그 험난한 역사 속으로 들어가 보아요.

조선을 휩쓴 큰 전쟁들

으~ 끈질긴 청나라!

조선 최대의 전쟁, 임진왜란

일본이 쳐들어왔어요

조선은 붕당들이 서로 권력을 차지하려고 맞서면서 경쟁이 점점 치열해지고 있었어요. 또 오랫동안 외적이 침입하지 않고 평화로웠던 터라 나라를 지킬 준비도 허술했지요.

그즈음 바다 건너 일본에서 심상치 않은 움직임이 느껴졌어요.

그러자 몇몇 신하들이 군대의 힘을 길러 혹시 모를 전쟁에 대비해야 한다고 주장했어요. 하지만 그 반대편에 선 신하들은 코웃음만 쳤지요.

조선을 휩쓴 큰 전쟁들

일본의 수상한 움직임 한가운데 도요토미 히데요시가 있었어요. 100여 년에 걸친 혼란을 잠재우고 최고 권력자가 된 그는 불만에 찬 지방 세력들의 관심을 밖으로 돌리기 위해 명나라를 치기로 했어요. 그러더니 조선에게 명나라로 가는 길을 내어 달라고 요구했어요. 조선이 이를 거절하자, 1592년 도요토미 히데요시는 군사를 이끌고 조선에 쳐들어왔어요. 임진왜란★이 시작된 거예요. 사실 그 뒤에는 조선의 땅과 곡식, 재물을 빼앗아 지방 세력들에게 나눠 주고, 자신의 권력을 지키려는 도요토미 히데요시의 검은 속셈이 있었어요.

★**임진왜란** 일본이 1592년부터 1598년까지 두 차례에 걸쳐 조선에 쳐들어온 전쟁을 말해요.

육지에서는 패배, 바다에서는 승리

신식 무기인 조총을 갖춘 일본군이 무서운 기세로 치고 올라와 단숨에 한성 부근까지 점령했어요. 그러자 선조와 신하들은 궁궐을 버리고 평안도 의주까지 피란을 갔어요. 그 모습에 화가 난 백성들은 임금의 피란길을 막아서기도 했지요. 다급해진 선조는 명나라에 군대를 보내 달라고 요청했어요.

일본군은 육지와 바다를 동시에 공격했는데, 육지에서와 달리 바다에서는 기를 펴지 못했어요. 이순신이 이끄는 수군이 옥포에 이어 사천, 당포에서 일본군을 크게 무찔렀지요.

★ **수군** 배를 타고 해안을 지키는 군대예요.

조선을 휩쓴 큰 전쟁들

조선의 수군은 잘 훈련된 데다가 튼튼한 판옥선과 거북선을 비롯하여 우수한 무기를 갖추었기 때문이에요.
특히 이순신은 한산도 앞바다에서 학이 날개를 펼친 듯한 모양으로 적을 둘러싸 공격하는 학익진 전술로 큰 승리를 거두고 남쪽 바다를 지켜 냈어요.
육지의 군인들이 먹을 식량을 실은 일본군의 배는 바다에서 꽉 막히자 더 이상 위로 올라갈 수 없었어요.

★**판옥선** 조선의 대표적인 전투선으로, 널빤지로 지붕을 덮어 2층으로 만들었어요.
★**거북선** 판옥선에 철갑을 씌워 만들었어요.

그래, 이렇게! 학처럼 돌진하는 거야! 학·익·진!

일본군! 우리 우수한 판옥선 맛 좀 봐라!

판옥선

나라를 구하려고 일어선 의병들

조선 땅이 일본군에게 짓밟히자,
곳곳에서 의병들이 들고 일어났어요.
양반, 상민, 노비, 심지어 승려까지도
위태로운 나라를 구하기 위해 힘을 모았어요.
이들은 자기 고장의 지리를 잘 알고 있었기
때문에 산속에 숨어 있다가 갑자기 나타나
공격하는 식으로 일본군과 효과적으로
싸울 수 있었어요.
특히 일본군은 붉은옷을 입은 홍의 장군
곽재우의 부대를 무척 두려워했어요.

★**의병** 나라가 위태로울 때 스스로 군인이 되어 싸웠던
사람들이에요.

조선을 휩쓴 큰 전쟁들

여자들까지 힘을 합해 일본군을 물리친 행주대첩

수군과 의병이 활약하는 가운데 명나라의 군대가 도착해 조선군과 힘을 합했어요. 그러자 상황은 점차 조선에 유리해졌어요.
그 무렵 조선의 군대를 이끌던 권율이 행주산성에서 3만여 명의 일본군과 치열한 전투를 벌였어요. 행주산성은 길이 좁고 남쪽으로 한강이 지나서 일본군이 쉽게 덤비기 힘든 곳이었어요. 게다가 권율이 이끄는 군대는 수십 개의 불화살을 연이어 쏘는 화차 등 새로운 무기를 단단히 갖춘 상태였지요. 성안에 있던 여자들까지 나서서 행주치마로 돌을 나르며 군대를 도왔고요. 그 덕분에 조선군은 일본군을 크게 물리쳤어요.

일본이 다시 쳐들어왔어요

명나라 지원군이 전쟁에 참여하고 행주산성 전투에서 패배하자, 일본군의 사기가 크게 떨어졌어요. 일본은 전쟁을 잠시 멈추자고 했어요. 조선은 반대했으나 명나라가 이를 받아들이고 협상을 벌였어요. 작은 나라였던 조선의 뜻은 별로 중요하지 않았던 거예요. 하지만 3년 동안 진행된 협상은 깨지고 말았어요. 서로 자기네 나라에 이익이 되는 조건만 내세웠기 때문이에요. 일본은 자신들의 요구가 받아들여지지 않자 1597년, 다시 조선에 쳐들어왔어요. 그런데 지난번과는 상황이 크게 달랐어요. 조선은 그동안 군대를 훈련시키며 또 벌어질지 모를 전쟁을 준비했거든요. 그 결과 일본군을 잘 막아 냈어요.

★ **협상** 서로 다른 입장을 가진 사람들이 문제를 해결하기 위해 의논하는 거예요.

조선을 휩쓴 큰 전쟁들

문제는 바다의 상황이었어요. 조선의 수군이 크게 지고 말았지요. 이순신이 신하들의 모함을 받은 데다가 출격*명령을 어겨 선조의 눈 밖에 나는 바람에 장군의 지위를 빼앗겼기 때문이에요. 사실 이순신은 일본의 거짓 작전을 눈치채고 출격하지 않은 것인데 왕이 오해를 한 것이었지요. 조선이 밀리자 선조는 다시 이순신에게 수군을 맡겼어요. 이순신이 돌아왔을 때 우리 수군의 배는 10여 척밖에 남아 있지 않았어요. 상황이 좋지 않았지만 그는 다시 병사들을 모으고, 수군을 일으켜 세웠어요.

★출격 적을 공격하러 나가는 것을 말해요.

흠… 병사들이여, 다시 헤쳐 모여라!

7년에 걸친 전쟁이 끝났어요

고작 배 10여 척으로 300척이 넘는 배를 단단히 갖춘 일본을 어떻게 물리칠 수 있었을까요?
싸움에 나가기 전 이순신은 병사들을 모아 놓고 "살고자 하면 죽을 것이요, 죽고자 하면 반드시 살 것이다!"라며 병사들에게 승리의 의지를 북돋았고, 병사들은 이순신을 따라 죽을 각오로 싸웠던 거예요.
조선 수군은 일부러 물살이 빠르고 폭이 좁은 울돌목(명량)으로 적을 끌어들여 일본군을 크게 물리쳤어요.

조선을 휩쓴 큰 전쟁들

때마침 일본의 도요토미 히데요시가 죽자, 일본군은 전쟁을 그만두고 일본으로 돌아가기로 했어요. 그때를 놓치지 않고 이순신은 "한 척의 배도 돌려보내지 말라!" 하고 외치며 일본군에 맹공격을 퍼부어 노량 앞바다에서 다시 한 번 일본군을 크게 무찔렀어요. 하지만 이순신은 도망가던 일본군의 총에 맞아 안타깝게도 죽고 말았어요. 그렇게 7년에 걸친 전쟁은 끝이 났어요.

우수한 조선의 무기 맛 좀 봐라!

둥 둥

헉!

임진왜란 이후 무엇이 달라졌을까요?

고달픈 조선의 백성들과 변화하는 주변 나라

일본군은 전쟁 동안 수많은 조선군과 백성을 죽였어요. 그러고는 죽은 조선 사람들의 귀와 코를 베어 일본으로 가져갔어요. 지금도 일본에는 그때 일본군이 베어 간 조선 백성들의 귀와 코가 묻힌 커다란 귀 무덤이 있어요. 살아남은 사람들의 삶에도 희망은 보이지 않았어요.
긴 전쟁으로 수많은 집과 경복궁, 불국사 등 건축물들이 불타 없어지고, 삶의 터전인 논과 밭도 엉망이 되었으니까요.
백성들은 굶주림과 질병으로 죽어 가고, 나라 살림도 어려워졌어요.

조선을 휩쓴 큰 전쟁들

한편 일본은 조선의 학자나 도공을 일본으로 데려가는가 하면
금속 활자와 그림, 책 등 많은 문화재도 빼앗아 갔어요. 일본에 끌려간
사람들 중 일부는 다시 유럽에 노예로 팔려 가기도 했어요.
나라 밖에도 변화가 생겼어요.
조선에 군대를 보내 주었던 명나라는 점점 힘이 약해졌어요.
일본에서는 도요토미 히데요시의 뒤를 이어
도쿠가와 이에야스가 새로운 시대를 열었어요.

★**도공** 도자기를 만드는 기술자예요.

일본에 조선 통신사를 보냈어요

어느 정도 시간이 지나자 조선과 일본의 사이가 점차 좋아졌어요. 조선은 일본의 요청으로 통신사를 일본에 다시 보내기 시작했어요. 관리, 학자, 예술인, 통역관 등으로 이루어진 통신사 400~500여 명이 한성을 출발해 부산을 거쳐 일본의 도쿄까지 갔어요.

★**통신사** 조선 시대에 일본으로 보내던 사신이에요.

조선을 휩쓴 큰 전쟁들

이들은 조선의 발달된 기술과 학문, 문화를 일본에 전해 주는 동시에 일본의 문화를 경험하고 왔어요. 조선 통신사가 모든 일정을 마치고 돌아오기까지는 6개월에서 1년 정도 걸렸어요. 무척이나 힘든 여행길이었지요.
펄럭이는 깃발과 함께 흥겨운 음악을 울리며 줄지어 가는 통신사의 모습은 일본인들에게 큰 구경거리이자 신 나는 행사였어요.
일본에서는 통신사를 극진히 대접했어요. 일본 정부는 조선의 임금이 직접 통신사를 보냈다는 사실만으로도 백성들에게 자신들의 권위를 보여 줄 수 있었기 때문이에요.

역사 배움터: 조선의 선비를 닮은 소박한 백자

▼백자 달 항아리

"소박한 아름다움이 일품이군요!"

귀족적인 화려함이 가득한 고려청자와 달리, **조선의 백자**는 소박하고 깨끗한 모양이에요. 성리학을 공부한 조선 선비들의 청렴한 삶과 꼿꼿한 정신이 담겨 있기 때문이에요. 조선 백자 중에서 가장 대표적인 것은 둥근 보름달을 닮은 우윳빛 '백자 달 항아리'예요. 백자 달 항아리는 우리네 정서가 잘 녹아 있어서 세계인들로부터 가장 한국적인 도자기라는 칭찬을 받아요.

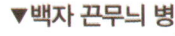

▼백자 끈무늬 병

▼백자 매화대나무무늬 항아리

▼백자 청화매화새대나무무늬 항아리

백자를 만들 때에는 청자보다 수준 높은 기술이 필요했어요. 더 질 좋은 흙을 써서, 더 높은 온도에서 구워야 했지요. 굽는 온도가 높으니 유약도 더 좋은 것을 사용해야 했고요. 나라에서는 경기도 광주에 백자를 만드는 분원을 두고 궁궐에서 사용하는 도자기를 만들게 했어요. 실력이 뛰어난 도공과 전국 각지의 질 좋은 흙이 이곳으로 모여들었지요.

조선의 우수한 도자기 기술을 탐내던 일본은 임진왜란 때 이삼평을 비롯한 조선의 도공들을 자기네 나라로 끌고 갔어요. 이들은 일본 최고의 도자기로 손꼽히는 아리타 자기가 탄생하는 데 큰 영향을 미쳤지요. 그 뒤 일본의 도자기 산업이 크게 발전했고, 일본의 도자기가 유럽으로 수출되었어요.

▲아리타 자기

조선을 일으키려고 애쓴 광해군

광해군이 조선을 위한 외교를 펼쳤어요

선조에 이어 왕이 된 광해군은 불에 탄 궁궐을 새로 고치고, 버려진 땅을 일구며, 호구 조사를 실시하는 등 조선을 다시 일으키기 위해 힘썼어요. 무엇보다도 광해군은 조선에 실제로 도움이 되는 외교 전략을 펼쳤어요. 당시 중국에서는 여진이 세운 후금이 명나라를 위협하고 있었지요. 명나라가 조선에 도움을 요청하자, 광해군은 강홍립 장군에게 군대를 이끌고 가게 했어요. 그러면서 강홍립에게 "명나라를 도우면 후금이 가만히 있지 않을 테니 상황을 보다가 후금에 항복해도 좋다." 하고 명령을 내렸지요. 강홍립은 광해군의 뜻에 따라 상황을 엿보다가 "조선은 후금과 더 이상 싸우고 싶지 않습니다." 하며 후금에게 항복을 했어요.

★**호구 조사** 집과 사람의 수를 조사하는 것을 가리켜요.

허준이 〈동의보감〉을 펴냈어요

허준은 임금의 건강을 돌보는 어의였어요. 임진왜란 때 피란길에서도 선조의 건강을 돌보고 왕자였던 광해군의 병을 치료해 주어, 서자 출신이지만 높은 벼슬에 오를 수 있었어요.

허준은 선조 때부터 조선과 중국의 책들을 두루 참고하여 의학책을 쓰기 시작했어요. 오랜 시간 공을 들인 끝에 드디어 광해군 때 책이 완성되었지요. 그것이 바로 〈동의보감〉이에요. 허준은 〈동의보감〉을 쓸 때 백성을 맨 먼저 생각했어요. 백성들이 두루 볼 수 있도록 쉬운 글자를 찾기도 하고, 한글도 사용했어요. 또 병의 증상과 치료 방법을 자세히 알려 주고, 주변에서 쉽게 구할 수 있는 약재를 소개하여 누구든지 쉽게 이용할 수 있도록 했어요.

광해군의 생각을 반대하는 신하들이 생겨났어요

광해군의 노력 덕분에 전쟁으로 무너진 조선은 안정을 찾아 갔어요. 하지만 그의 외교 정책에 불만을 품은 신하들도 많았어요. 그들은 "조선을 도와준 명나라와의 의리를 저버리면 우리도 오랑캐와 다를 게 없습니다."라고 목소리를 높이며 명나라와 손잡고 후금을 공격해야 한다고 주장했지요. 하지만 광해군의 태도는 흔들리지 않았어요. 두 나라 중 어느 한쪽의 편을 들기보다 무엇이 조선에 이익인지 먼저 생각했지요.

★**오랑캐** 다른 민족을 낮잡아 부르는 말이에요.

광해군이 쫓겨났어요

그러던 중 광해군이 신하들의 다툼에 휩쓸려 동생인 영창대군을 귀양 보내 죽이고, 영창대군의 어머니인 인목대비를 서궁에 가두는 사건이 일어났어요. 그러자 광해군에게 불만이 있었던 몇몇 신하들은 광해군이 저지른 일이 유교 윤리에 어긋난다고 주장하며 그를 몰아내기로 했어요. 결국 신하들은 인조를 새 임금으로 세우고, 광해군과 광해군 편에 섰던 신하들을 쫓아냈어요. 후금에 등을 돌린 것은 당연하고요.

★**서궁** 지금의 덕수궁이에요.

조선에 쳐들어온 청나라

정묘호란과 병자호란으로 조선이 들썩였어요

광해군을 몰아내고 왕이 된 인조는 후금을 멀리하고 명나라와 친하게 지냈어요. 그러자 이를 못마땅하게 여긴 후금이 1627년 조선에 쳐들어왔어요. 이 전쟁을 '정묘호란'이라고 해요.

하지만 두 나라 모두 전쟁이 오래 이어지는 것을 바라지 않았기 때문에 서로 형제처럼 지내기로 약속하고 전쟁을 끝냈어요.

얼마 뒤 후금은 나라 이름을 '청'으로 바꾸었고 후에 명나라를 무너뜨렸어요. 그러고는 조선은 신하의 나라이니 황제의 나라인 청나라를 섬기라고 했어요. 그러지 않으면 조선을 공격하겠다고 위협했지만, 조선은 끝내 청나라의 요구를 거절했어요.

조선을 휩쓴 큰 전쟁들

그러자 청나라는 1636년에 또다시 조선에 쳐들어왔어요. '병자호란'이 일어난 거예요. 청나라의 황제인 태종은 10만 군사를 이끌고 10여 일 만에 한성 근처까지 밀고 내려왔어요. 당황한 인조는 가족들을 먼저 강화도로 보낸 뒤, 신하들과 함께 남한산성으로 몸을 피했어요.

전쟁터가 된 남한산성

얼마 지나지 않아 청나라 군대가 남한산성을 빙 둘러쌌어요. 성안에 갇힌 조선의 군대는 점점 청나라 군대와 맞서 싸우기가 힘들어졌어요. 청나라 군대의 머릿수가 조선군의 열 배가 넘는 데다가 식량도 50여 일 치밖에 남지 않았거든요. 날씨까지 추워서 병사들도 하나둘 지쳐 갔고요. 그러자 신하들도 청나라와 계속 싸워야 한다는 무리와 항복하고 전쟁을 끝내야 한다고 주장하는 무리로 나뉘었어요.

조선을 휩쓴 큰 전쟁들

삼전도에서 항복했어요

인조는 전쟁을 그만하자는 신하들의 의견을 따르기로 했어요.
결국 제대로 싸워 보지도 못하고, 인조는 삼전도로 나가 청나라에 항복했어요.
인조는 낮은 신분을 뜻하는 푸른색 옷으로 갈아입고 한때 오랑캐라고
업신여기던 청나라의 태종 앞에서 항복의 의미로
한 번 절하고 세 번씩 땅에 이마를 대는 절을
세 번이나 되풀이했어요. 그리고 앞으로
청나라를 황제의 나라로 섬기겠다고 약속했어요.

★**삼전도** 조선 시대에 한성과 남한산성을 이어 주던 나루예요.

청나라, 공격할 것인가 배울 것인가?

인조가 삼전도에서 청나라에 항복한 뒤 청나라는 인조의 두 아들인 소현세자와 봉림대군, 그리고 여러 신하들을 청나라로 잡아갔어요. 일부 신하들은 삼전도에서 겪은 굴욕을 되새기며, 청나라를 공격해 복수를 해야 한다고 주장했어요.
하지만 청나라의 발전된 모습을 보고 온 소현세자와 신하들의 의견은 그 반대였어요. 오히려 청나라의 발달된 문물을 배우고 받아들여야 한다고 생각했지요. 인조는 이러한 소현세자를 못마땅하게 생각했어요.

★**문물** 법, 기술, 종교, 예술, 물건 등 문화에 관한 모든 것을 이르는 말이에요.

조선을 휩쓴 큰 전쟁들

그러던 중 소현세자가 갑자기 죽고, 동생인 봉림대군이 왕위에 올랐어요. 그가 바로 효종이에요. 효종은 아버지의 뜻을 받들고, 청나라에 복수하고 싶었어요. 그래서 군대의 힘을 키워서 청나라를 정벌하려고 했지요. 하지만 그때 청나라는 발달된 서양의 문물을 받아들여 성장하고 있었고, 나라의 힘도 점점 강해졌어요. 조선이 그러한 청나라를 치는 일은 쉽지 않았어요. 결국 효종은 뜻을 이루지 못하고 왕이 된 지 10년 만에 세상을 떠났어요.

효종

청나라, 내가 반드시 정벌하겠어!

조선 사회는 임진왜란과 병자호란을 치르면서 여러 모로 많이 변했어요.
임금과 관리부터 백성들에 이르기까지 전쟁이 가져다준 어려움을
이겨 내기 위해 끊임없이 애썼지요.
한편 서양에서 들어온 여러 가지 물건과 종교 등은
조선 사람들의 생각을 변화시켰고, 조선 사회도 이전보다 나은 삶과
발전된 사회를 향한 발걸음을 내딛기 시작했어요.
과연 조선은 어떻게 달라졌을까요?

발전된 사회를 향한 발걸음

물건을 지고 다니는 우리는 보부상!

어디 보자, 서양 문물이 얼마나 대단한가….

더욱 심해진 붕당의 경쟁

한 붕당이 권력을 독차지했어요

두 번의 큰 전쟁을 치른 뒤에도 붕당 정치가 이어졌어요.
붕당들은 서로 적절히 균형을 맞추며 함께 나라를 이끌어 가는 듯했어요.
그런데 차츰 붕당 사이의 경쟁이 심해지더니 숙종 때 그 갈등이 더 깊어져서 신하들의 큰 싸움이 세 번이나 일어났어요. 그로 인해 많은 사람들이 사약을 받거나 제주도 등 먼 곳으로 귀양을 가야 했지요.

발전된 사회를 향한 발걸음

신하들이 다투는 이유는 단순히 나라 살림을 어떻게 하느냐 하는 문제가 아니었어요. 누구를 왕의 후계자나 왕비로 삼을지 등을 간섭하여 자신들이 왕실을 쥐락펴락하려고 했지요.

게다가 그런 다툼이 일어날 때마다 숙종이 어느 한쪽 신하들을 한 번에 내몰고 상대편 신하들에게 나랏일을 맡기는 바람에 특정한 붕당의 힘만 키우는 꼴이 되었어요. 그 결과 나라는 더 큰 혼란에 빠졌고, 왕의 힘도 약해졌어요.

독도를 넘보는 일본, 독도를 지킨 안용복

숙종 때 일본 어부들이 울릉도와 독도에 함부로 와서 고기를 잡았어요. 어느 날 어부 안용복이 울릉도로 고기잡이를 나갔을 때 그곳에서 마주친 일본 어부들과 실랑이가 벌어졌어요. 그들은 자기네를 꾸짖는 안용복을 일본으로 끌고 갔지요.

안용복은 일본의 협박에 굽히지 않았어요. 오히려 호기롭게 일본에 맞서서 울릉도와 독도가 조선의 땅이라며 목소리를 높였지요. 마침내 그는 "울릉도와 독도는 조선의 땅이니 앞으로 함부로 침범하지 않겠다."라는 내용의 약속 문서를 일본에게 받아 냈어요.

발전된 사회를 향한 발걸음

특산물 대신 쌀로 세금을 냈어요

농민들은 전쟁을 치르면서 생활이 더욱 궁핍해져 세금을 내는 것이 큰 부담이었어요. 특히 지역의 특산물을 세금으로 바치는 '공납'의 경우, 자기 지역에서 나지 않는 특산물을 내거나 너무 많은 양을 바쳐야 하는 경우가 많았지요.

그래서 숙종은 특산물 대신 쌀을 공납으로 내는 대동법을 전국적으로 실시했어요. 대동법은 가진 땅의 넓이에 따라 쌀을 내는 제도여서 농사지을 땅이 없는 농민들은 세금을 내지 않아도 되었어요. 그러나 시간이 지나자 땅 주인들이 소작농에게 세금을 떠넘기기 시작했고, 그 바람에 땅이 없는 농민들은 다시 세금에 허덕이게 되었어요.

★**대동법** 광해군 때 경기도에서 처음 실시됐어요.
★**소작농** 일정한 대가를 내고 다른 사람의 땅을 빌려 농사짓는 농민을 말해요.

탕평책을 실시했어요

붕당들의 경쟁과 다툼으로 나라는 점점 더 혼란에 빠지고 백성들의 삶은 몹시 어려워졌어요. 왕의 힘도 약해질 대로 약해져 버렸지요.

영조 때에는 대표적인 붕당인 노론과 소론이 팽팽하게 맞서고 있었어요. 영조는 두 붕당 사이의 대립을 막고 균형을 잡기 위해 탕평책을 실시했어요. 각 붕당에서 훌륭한 신하들을 골고루 뽑아, 어느 한쪽에만 힘이 쏠리는 것을 막으려고 한 것이지요.

그리고 탕평책을 널리 알리기 위해 "남과 두루 친하되 편을 가르지 않는 것이 군자의 공정한 마음이요, 편만 가르고 남과 두루 친하지 못하는 것은 소인의 사사로운 마음이다."라는 글귀를 직접 써넣은 탕평비를 세웠어요.

★**군자** 행동이 점잖고 어질며 바르게 생각하고 공정하게 판단하는 사람이에요.
★**소인** 군자에 반대되는 말로, 마음이 좁고 간사한 사람이에요.

백성들의 군포 걱정을 덜어 준 박문수

당시 열여섯 살 이상의 남자들은 군대에 가는 대신 옷감을 세금으로 바쳤는데, 이를 '군포'라고 해요. 농사일로 바쁜 백성들이 베를 짜서 옷감을 만들기란 쉽지 않았어요. 더군다나 전쟁 이후 양인의 수가 크게 줄어서 한 사람이 여러 사람의 몫까지 군포를 내야 했지요. 박문수는 암행어사★ 시절 이곳저곳을 다니며 백성들의 어려움을 몸으로 느꼈던 터라, 높은 관리가 된 뒤에도 백성들을 위해 힘썼어요. 특히 군포 때문에 겪는 고통을 덜어 주기 위해 영조에게 1년에 두 필★이었던 군포를 1년에 한 필로 줄이는 '균역법'을 건의했어요. 영조가 이를 받아들여 균역법을 실시했어요.

★**암행어사** 임금의 명을 받아 지방의 수령을 감시하고 백성의 어려움을 살피던 관리예요.
★**필** 옷감을 세는 단위예요.

뒤주에 갇혀 죽은 사도세자

영조의 탕평책도 붕당의 대립을 완전히 막지는 못했어요.

영조가 어쩔 수 없이 노론 신하들을 인정할 수밖에 없었기 때문이에요.

그는 천한 신분인 어머니에게서 태어나 노론 신하들의 도움으로

겨우 왕이 되었거든요. 그와 반대로 영조의 아들인 사도세자는

영조와는 뜻이 다른 소론 신하들과 친하게 지냈어요.

그러니 당연히 사도세자는 아버지 영조와

사이가 좋지 않았지요.

★**사도세자** 죽은 세자를 애도한다는 뜻에서
'사도'라는 말을 붙여 사도세자가 된 거예요.

내가 왕이 된 건 다 자네들 덕이오!

우리 소론보다 노론을 더 좋아하셔, 힝~.

발전된 사회를 향한 발걸음

노론 신하들은 사도세자가 왕이 되면 자신들이 힘을 잃게 될까 봐 영조의 곁에서 사도세자에 대해 나쁜 말만 했어요. 사도세자의 잘못된 행동을 부풀려 전하기도 했고요. 그러한 상황 속에서 사도세자와 사이가 더 나빠진 영조는 사도세자를 뒤주에 가두어 굶겨 죽였어요.

★**뒤주** 곡식을 담아 두는, 나무로 된 물건이에요.

조선을 새롭게 변화시킨 정조

정조가 왕위에 올랐어요

영조의 뒤를 이어 왕이 된 사람은 사도세자의 아들 정조예요. 정조는 자신의 아버지가 그렇게 죽은 것이 신하들이 편을 가르고 서로 대립했기 때문이라고 생각했어요. 그래서 할아버지인 영조와 마찬가지로 붕당과는 상관없이 능력 있는 사람들을 관리로 뽑기로 다짐했어요. 그리고 왕실 도서관인 규장각을 만들어 참신하고 능력 있는 인재들을 모아 놓고 마음껏 연구하도록 했어요. 정조는 그들과 함께 새로운 조선을 만들고 싶었어요.

발전된 사회를 향한 발걸음

특히 정조는 서자인 박제가, 유득공 등을 관리로 뽑았어요. 타고난 신분 때문에 능력을 펼칠 수 없었던 서얼들에게도 벼슬할 수 있는 기회를 준 거예요. 또한 왕을 보호하고 궁궐을 지키는 군대인 장용영을 만들어 왕의 힘을 키웠어요. 정조는 자신과 생각이 가장 비슷했던 실학자 정약용과 함께 머리를 맞대고 조선을 한층 발전시킬 준비를 해 나갔어요.

새로운 도시, 화성을 건설했어요

어렵게 왕위에 오른 정조는 노론 세력을 눌러 왕의 힘을 키우고, 조선 사회를 바꿀 여러 가지 계획을 세웠어요.

먼저 아버지 사도세자를 장헌세자로 칭호를 높이고, 그의 무덤을 수원으로 옮겼어요. 그런 다음 수원에 화성을 쌓기 시작했어요. 한성에서 벗어나 백성을 위한 정치를 마음껏 펼칠 새로운 도시를 만들고 싶었던 거예요.

정조의 명령을 받은 정약용은 자신이 발명한 거중기와 녹로 등의 기구를 이용해 2년 8개월 만에 화성을 완성했어요.

정조는 화성을 짓는 동안 백성들을 함부로 부리지 않았으며 일한 대가도 제대로 주었어요.

발전된 사회를 향한 발걸음

화성 안에는 관청을 세우고, 큰길과 저수지를 만들었으며, 농사지을 땅을 일구어 농민들에게 나누어 주었어요.
또한 상인들이 자유롭게 장사할 수 있도록 중심가에 상점을 마련하고, 여러 가지 혜택도 주었어요.
화성은 드디어 많은 사람들이 모여 사는 새로운 도시로 탈바꿈했어요.

백성의 소리에 귀 기울인 임금들

영조와 정조는 백성들의 소리를 귀담아들은 임금으로 유명해요. 영조는 조선 초기에 실시되다가 사라진 신문고 제도를 되살려 백성들의 이야기를 들으려고 했어요.

신문고는 궁궐에 달아 놓은 북인데, 억울한 일을 당한 백성들이 그 북을 쳐서 자신들의 사정을 왕에게 직접 알릴 수 있도록 한 거예요.

한편 정조는 수원 화성을 지은 뒤 아버지 사도세자의 무덤이 있는 수원으로 종종 행차했어요. 행차가 있는 날이면 임금이 지나가는 길마다 수많은 백성들이 나와 먼발치에서 구경하곤 했지요.

발전된 사회를 향한 발걸음

정조는 행차 때마다 어려움을 겪고 있는 백성들이 징이나 꽹과리를 울리며 앞에 나와 자신의 사정을 말할 수 있도록 했어요.
신하들이 아무리 말려도 정조는 백성을 한 명이라도 더 만나고 싶어 했으며, 궁궐로 돌아가면 행차 때 들은 백성들의 문제들부터 해결해 주었대요.

발전하는 농촌, 달라지는 농민

모내기법이 널리 퍼졌어요

나라와 백성들은 전쟁으로 죽은 땅을 되살리기 위해 큰 노력을 기울였어요.
특히 모내기법이 널리 퍼져서 거두어들이는 농작물의 양이 크게 늘었어요.
모내기법으로 농사를 지으면 잘 자란 모(벼의 싹)만을 골라서
심을 수 있기 때문이에요.
또 같은 논에서 벼와 보리를 기를 수 있게 되었어요.
논에 직접 씨를 뿌리지 않으니 보리가 익어 가는 동안 모판에서 모를 키우고,
보리를 다 거둔 뒤에는 그 논에 모를 옮겨 심을 수 있었거든요.

★**모내기법** 볍씨를 뿌려 싹이 난 모를 논에 옮겨 심는 농사법이에요.

발전된 사회를 향한 발걸음

모를 논에 옮겨 심을 때는 줄을 맞춰 심으니 잡풀을 쉽게 가려내어 뽑을 수 있었어요. 그 덕분에 농민들의 일손이 많이 줄었지요. 하지만 비가 내리지 않으면 농사를 망치게 되니 큰 걱정이었어요. 그래서 물을 모아 두는 저수지를 만들고, 용두레로 물을 퍼 올리기도 했어요. 밭농사 기술도 발달했어요. 두둑한 땅 사이에 길고 좁게 고랑을 판 뒤 씨를 뿌린 거예요. 그렇게 하면 추위와 가뭄, 바람의 영향을 덜 받기 때문에 수확량은 늘어나고 일손은 줄어들었지요.

★**용두레** 낮은 곳의 물을 높은 곳의 논이나 밭으로 퍼 올리는 데 쓰는 농기구예요.

빈둥거리지 말고 나 좀 거들게!

용두레

작물을 키워서 돈을 벌었어요

일본에서 들어온 고구마, 청나라에서 들어온 감자를 비롯해 토마토, 호박, 고추 등 새로운 작물*이 널리 재배되면서 먹을거리가 다양해졌어요.
특히 고구마와 감자 같은 작물은 가뭄이나 홍수 등 자연재해가 생기거나 흉년이 들어 먹을 것이 부족할 때 식량을 대신하기도 했어요.
도시 주변에서는 농민들이 장에 내다 팔기 위해 채소를 기르기 시작했어요.
또한 담배 농사는 벼농사보다 열 배가 넘는 이익을 올릴 수 있었기 때문에 담배와 인삼 농사를 지으면서 큰돈을 벌어 부자가 되는 사람들도 생겨났어요.
파, 마늘, 생강, 모시, 약재, 목화 농사도
농민들의 살림살이에 큰 보탬이 되었답니다.

★**작물** 논이나 밭에서 기르는 곡식이나 채소 등의 식물을 말해요.

담배랑 인삼 농사로 이렇게 돈을 많이 벌었다우.

채소도 한몫했어요!

부자가 된 농민, 여전히 가난한 농민

주인 없는 땅을 일구어 자기 땅으로 만든 농민들, 모내기법을 이용해 이전보다 적은 힘으로 더 크게 농사를 짓는 농민들, 새로운 농작물을 길러서 이익을 얻은 농민들은 점점 부자가 되었어요.

그러나 모든 농민들이 잘살게 된 것은 아니에요.

손바닥만 한 땅도 없이 하루하루 겨우 끼니를 때우며 사는 가난한 농민들이 더 많았지요. 부자가 된 농민의 밑에서 농사를 짓는 농민들도 있었답니다.

장시가 늘어나고 수공업이 발달했어요

여기저기에 생겨난 장시

농민들은 이제 장에 내다 팔기 위해 농사를 지었어요. 물건을 사고파는 사람들이 늘어나자 지방의 장시는 더욱 활발하게 열렸고, 전국에 1,000여 곳이 넘는 장시가 생겨났어요. 한강 주변의 경강 상인, 개성의 송상, 의주의 만상, 동래(부산)의 내상과 같이 각 지역을 중심으로 활발하게 활동하는 상인들도 있었고요. 이들 중에는 외국 상인들과 물건을 사고팔아 큰 이익을 남기는 상인들도 있었지요.

발전된 사회를 향한 발걸음

장이 서는 날이면 물건을 사러 온 사람, 팔러 온 사람, 구경 나온 사람 들로 북적였어요. 그뿐만이 아니에요. 한쪽에서는 광대들의 아슬아슬한 줄타기와 재미난 탈놀이가 펼쳐졌지요.
전국의 장시를 돌아다니며 물건을 파는 보부상의 역할도 점차 커졌어요. 이들은 장시와 장시를 연결하며 소금, 생선, 옷감, 종이, 그릇, 장신구 등을 팔았어요. 나룻배가 머무르는 나루터 주변에는 객주나 여각 같은 시설이 들어섰어요. 이곳은 상인들이 음식을 먹고 잠을 잘 수 있는 공간으로, 상인들의 물건을 잠시 맡아 주거나 팔아 주기도 했어요.

★ **장시** 조선 시대에 보통 5일마다 열리던 시장이에요.

상평통보가 널리 쓰였어요

장시의 수가 늘어나면서 돈으로 물건을 사고파는 일이 점점 많아졌어요. 세금도 쌀이나 옷감 대신 돈으로 낼 수 있고, 무거운 곡식이나 옷감을 장시까지 이고 가지 않아도 되니 돈을 쓰면 참으로 편리했어요. 그때 상평통보라는 동전이 비로소 널리 쓰이기 시작한 거예요. 고려 시대부터 나라에서 동전을 만들기는 했지만 제대로 쓰이지는 않았어요. 그러나 한편으로 부자들이 돈을 모아 재산을 늘리거나, 돈을 꿔 주고 높은 이자를 받는 등 좋지 않은 일도 생겼어요.

발전된 사회를 향한 발걸음

뚝딱뚝딱 활기를 띤 수공업

사람들이 도시로 모여들고 물건을 사서 쓰는 일이 점점 늘어나자, 물건을 만드는 수공업도 활기를 띠기 시작했어요. 이전과 달리 수공업자들은 놋그릇, 옹기, 철기, 옷감 등의 물건을 만들어 직접 팔기 시작했어요. 나라에 필요한 물건을 대 주거나 상인들이 주문한 물건을 만들어 주기도 했지요. 이들은 특정한 지역에 마을을 이루고 모여 살기도 했는데, 강화도에는 화문석을 만드는 사람들이, 한산에는 모시를 만드는 사람들이 대대로 모여 살아서 그 물건들은 그 지역의 대표 상품이 되었어요. 철 같은 금속으로 각종 기구를 만드는 대장간은 어느 마을에나 있었어요. 특히 농사짓는 마을에서는 농기구를 만드는 대장간이 꼭 필요했어요.

★**화문석** 꽃 모양을 놓아 짠 돗자리예요.

돈으로 신분을 사고파는 사람들

농사 기술이 발달하면서 부자가 된 농민이 늘어났다고 했지요?
장사를 하여 재산을 많이 모은 상인도 늘어났고요.
돈을 모은 이들이 맨 먼저 한 일은 바로 양반 신분을 사는 것이었어요.
양반이 되면 세금도 내지 않고, 군대나 나라의 크고 작은 공사에 불려 나가지 않아도 되니까요. 또 더 이상 양반들에게 굽실거리거나 그들의 눈치를 볼 필요도 없었지요. 그런데 어떻게 양반 신분을 살 수 있었을까요?
바로 '공명첩'이에요. 공명첩은 벼슬을 받는 사람의 이름을 비워 둔 문서예요.
공명첩을 산 뒤 빈칸에 자신의 이름을 써넣으면 양반이 되는 것이지요.

발전된 사회를 향한 발걸음

나라에서는 전쟁과 흉년으로 나라의 살림살이가 어려워지자 마구잡이로 공명첩을 팔았어요. 돈 많은 상민들은 그 공명첩을 사서 양반이 되었지요. 반면 양반들 중에서 가난한 사람들이 생겨났어요. 그들은 먹고살기 위해 양반 신분을 증명하는 족보를 팔았어요. 이렇게 양반으로 태어나면 양반, 상민으로 태어나면 상민으로 살아야 했던 조선의 신분 제도에 큰 변화가 일어났어요.

백성들이 즐긴 서민 문화

농업과 상업, 수공업이 발달하자 일반 백성들의 생활에도 여유가 생겼어요. 놀이나 그림 그리기 등 자신들만의 문화를 즐기기 시작했지요. 양반들이 시를 짓고 그림을 그리는 것은 늘 하는 일이었어요. 하지만 먹고살기 바쁜 상민들이 그림을 감상하고, 공연을 즐기는 일은 큰 변화였지요.

또한 각 고을에 서당이 많이 생겨나 상민의 자식들이 공부할 수 있는 기회가 늘어났어요. 글을 읽을 줄 아는 백성들이 많아지자 한글 소설과 사설시조 같은 문학이 발달했어요.

★**사설시조** 일정한 형식에 따르지 않고 시구를 길게 늘린 시조예요.

발전된 사회를 향한 발걸음

특히 사람들이 모여드는 장시에서 백성들의 문화가 움텄어요.
재미난 소설을 듣기 위해 사람들이 옹기종기 모여드는가 하면,
탈놀이를 즐기는 사람들도 많았어요. 탈놀이는 탈을 쓰고 하는 공연인데,
거들먹거리던 양반들을 골탕 먹이는 내용이 많아 백성들의 마음을 후련하게
해 주었어요. 또한 이름 없는 화가들이 민화를 그렸어요. 민화에는
건강하고 행복하게 오래도록 살고 싶어 하는 사람들의 바람이 담겨 있어요.
북장단에 맞춰 노래와 이야기를 하는 판소리도 백성들의 사랑을 받았어요.

김홍도와 신윤복이 그린 조선 시대 사람들

조선 시대 서민들의 생활 모습은 어떠했을까요?
김홍도, 신윤복 등이 남긴 풍속화를 보면 그들의 모습을 조금이나마 짐작해 볼 수 있어요.
풍속화는 사람들이 살아가는 모습을 그린 그림을 말해요.
김홍도는 주로 농민들이 일하는 모습, 대장간이나 빨래터의 풍경 등 서민들의 일상적인 모습을 생생하고 재미있게 그렸어요.
그에 비해 신윤복은 남녀가 노니는 모습이나 여인의 모습을 주로 그렸지요.

킥킥! 그러게, 놀지 말고 천자문 좀 외라니까!

〈서당도〉_김홍도

한 아이가 서당 훈장님께 혼이 났는지 눈물을 닦고 있는데, 다른 아이들은 웃음을 참느라 애쓰고 있네요. 훈장님의 표정도 자세히 보세요. 인물들의 표정이 생생하게 살아 있는 것 같아요. 아이들은 몇 살쯤으로 보이나요? 상투를 튼 어른과 머리를 땋은 아이들이 함께 공부하고 있지요? 그 당시에는 서당에 들어가는 데 나이가 상관이 없었거든요.

〈타작도〉_김홍도

농민들이 땀을 흘려 벼 타작을 하고 있네요. 그런데 한쪽 구석에 담뱃대를 물고 비스듬히 누워 있는 저 사람은 누구일까요? 아마 땅 주인이거나 그 밑에서 소작농을 관리하는 일을 맡던 '마름'일 거예요.

〈미인도〉_신윤복

고운 자태와 어딘지 모르게 슬픔이 배어 있는 오묘한 표정으로 서 있는 이 여인을 찬찬히 들여다보세요. 그림의 제목이 〈미인도〉라니, 조선 시대 미인이 어떤 모습이었는지 짐작할 수 있겠지요?
신윤복은 당시에 차별을 받았던 여성들을 많이 그렸답니다. 〈미인도〉를 비롯해 〈단오도〉, 〈연못가의 여인들〉 모두 여자가 주인공이에요.

새로운 학문인 실학이 등장했어요

현실 문제를 해결하려는 학문, 실학

부자 농민이 늘어난 반면 가난한 농민도 많아졌고, 탐관오리의 횡포 역시 날로 심해졌어요. 그러자 나라와 일반 백성들 사이에서 조선 사회를 바꿔 보려는 움직임이 일어났어요. 하지만 의리, 예, 도리 등만 강조하는 성리학은 현실 문제를 해결하는 데 도움을 주지 못했어요. 그즈음 서양의 과학 기술이 조선에 소개되면서 백성들의 실생활에 도움이 되는 학문인 '실학'을 중요하게 여기는 학자들이 나타났어요. 이들을 '실학자'라고 해요.

발전된 사회를 향한 발걸음

실학자들은 원래 성리학을 열심히 공부한 사람들이에요. 하지만 이들은 성리학이 현실 문제에 관심을 두지 않는 것을 비판했어요. 또한 신분 제도를 없애고 나라를 다스릴 때 백성을 먼저 생각해야 한다고 주장하기도 했어요. 실학자 중에서도 어떤 사람들은 농촌 문제에 관심을 두었으며, 어떤 학자들은 상공업의 발달을 중요하게 생각했지요. 그 밖에도 우리 것을 더 깊이 연구해야 한다는 학자, 관리들이 먼저 바뀌어야 한다는 학자, 다른 나라에서 앞선 문물을 받아들여야 한다는 학자 등 실학자들의 관심은 여러 갈래로 나뉘었어요.

토지 제도를 고치자!

유형원, 정약용 등 농촌 문제에 관심을 둔 실학자들은 어떻게 하면 농민들이 잘살 수 있을지 고민했어요.
이들 중에는 "송곳을 꽂을 땅도 없는 농민들은 아무리 열심히 농사를 지어도 거둔 곡식을 땅 주인에게 바치고 나라에 세금을 내고 나면 남는 게 없소. 농사짓는 농민들에게도 땅을 골고루 나눠 주어야 하오."라고 목소리를 높이면서 토지 제도를 고치자는 사람도 있었어요.
어떤 실학자들은 과학적인 농사 기술을 퍼뜨려야 한다고 주장하기도 했지요.

발전된 사회를 향한 발걸음

상공업을 발전시키자!

박지원과 박제가는 청나라를 여행하며 그곳에서 배울 점이 많다는 것을 알게 되었어요. 이들과 같은 생각을 가진 실학자들은 상공업을 발전시켜야 조선이 가난에서 벗어날 수 있으니 청나라의 발달된 문물과 기술을 배워야 한다고 주장했어요.

박지원의 〈열하일기〉와 박제가의 〈북학의〉는 이들이 청나라에 다녀온 뒤 쓴 책으로, 이 책을 통해 조선 사람들에게 청나라의 풍속과 문물, 제도 등을 소개했어요.

147

실학을 꽃피운 정약용

실학자였던 정약용은 실학을 연구하면서 실제 생활에 필요한 기구들을 발명하기도 했어요. 큰 규모의 수원 화성을 2년 8개월 만에 완성한 것도 정약용이 개발한 기구들 덕분이지요. 그중 거중기는 무거운 돌이나 물건을 들어 올리는 기구로, 힘을 덜 들이고 성을 쌓을 수 있도록 도움을 주었어요. 녹로는 무거운 것을 들어 올려 필요한 곳으로 옮기는 데 쓰였고, 유형거는 돌이나 나무를 나를 때 사용한 수레예요.

거중기

녹로

유형거

발전된 사회를 향한 발걸음

정조가 정약용을 믿고 아끼자 그를 시기하는 무리가 생겨났어요.
그들은 정약용이 사악한 천주교를 믿는다며 모함을 했어요.
결국 정조가 죽은 뒤 정약용은 전라도 강진으로 귀양을 가게 되었지요.
그는 18년 동안 귀양살이를 하면서도 백성들의 생활에 늘 관심을 가졌으며,
500여 권의 책을 써 실학을 꽃피웠어요.
그중 〈목민심서〉는 수령들이 지켜야 할 도리를 알리기 위해,
〈경세유표〉는 조선의 잘못된 제도를 바로잡기 위해 쓴 책이에요.

다산 초당 – 정약용이 강진 귀양살이 중 머물렀던 곳

내 비록 귀양 온 처지이나 책 읽기와 글쓰기를 멈출 수 없지.

목민심서

조선 땅을 그린 〈대동여지도〉

실학자들 가운데에는 조선의 자연이나 지리, 국어 등을 연구한 이들도 있었어요. 그중 김정호는 어려서부터 지리와 지도에 관심이 매우 많았어요. 그는 조선의 우수한 지리학을 바탕으로 이전에 만들어진 지도와 지리책들을 참고하고, 직접 돌아다니며 조사한 끝에 1861년 〈대동여지도〉를 완성했어요. 〈대동여지도〉는 목판에 새겨 찍어 낸 지도로, 병풍처럼 접을 수 있는 22첩으로 이루어져 있어요. 22첩을 모두 펼친 뒤 붙이면 가로 3.8미터, 세로 6.7미터 크기의 거대한 한반도 지도가 되지요.

★첩 묶어 놓은 책을 뜻해요.

발전된 사회를 향한 발걸음

〈대동여지도〉에는 산줄기, 물길, 도로가 하나의 그물망처럼 연결되어 있어요. 이 지도를 보면 어느 길이 빠른 길인지, 물길이 어떻게 연결되어 있는지 쉽게 알 수 있지요. 또한 절, 창고, 봉수대의 위치 등 여러 가지 정보를 지도 위에 기호로 나타냈으며, 지도표를 만들어 각 기호가 무엇을 뜻하는지 풀이해 놓았어요.

대동여지도

한 첩씩 접어서 간편하게 들고 다닐 수도 있지!

새로운 문물이 들어왔어요

조선 사람들의 생각을 바꾼 신기한 서양의 문물

17세기 무렵 청나라에는 선교 활동을 하러 온 서양 선교사들이 많이 있었어요. 이때 청나라에 간 사신들은 선교사들이 서양에서 가져온 신기한 물건과 발달된 과학 기술 등 각종 서양 문물을 접하고 깜짝 놀랐어요. 사신 중 몇몇은 천리경(망원경), 자명종(시계), 곤여만국전도(세계 지도) 등을 조선에 들여왔어요. 이 물건들을 본 조선 사람들 가운데 서양에 대해 호기심을 느끼거나 중국보다 넓은 세계가 있다는 것을 인정하는 사람들이 생겨났어요.

하지만 대부분의 양반들은 이런 생각을 받아들이지 않았어요.

발전된 사회를 향한 발걸음

새로운 서양의 종교, 천주교

조선의 사신들은 청나라에서 만난 서양의 선교사들을 통해 천주교를 받아들였어요. 천주교는 천문학, 지리학, 수학 등 서양의 과학 기술과 함께 서학★이라고 불렸지요. 사신들은 서학에 관련된 책을 조선에 들여와 연구하기 시작했어요.
이승훈은 청나라에서 서양 신부에게 세례를 받고 돌아와, 교리서★를 한글로 번역하여 사람들에게 나누어 주기도 했어요. 사람들은 차츰 천주교를 종교로 받아들였고, 한곳에 모여 예배를 드리기도 했지요.

★**서학** 서양에서 온 학문이라는 뜻으로, 조선 시대에는 흔히 천주교를 가리켰어요.
★**교리서** 천주교의 원리가 담긴 책이에요.

제주도에 온 파란 눈의 서양 사람

네덜란드 상인들을 태운
배 한 척이 일본을 향하던 중 폭풍우를 만났어요.
배에 타고 있던 네덜란드 상인 서른여섯 명이 파도에 쓸려 도착한 곳은
제주도 해안가였어요. 그중에는 하멜이라는 사람도 있었지요.
제주도 사람들은 뾰족한 코와 파란 눈을 가진 서양 사람들을 보고
깜짝 놀랐어요. 하멜 무리는 한성에 이어 전라도 지역으로 보내져 고된 일을
해야 했어요. 그들은 여러 번 탈출을 계획했지만 번번이 실패했어요.

발전된 사회를 향한 발걸음

1666년 마침내 하멜과 일행 일곱 명은 탈출에 성공했어요.
고향으로 돌아간 하멜은 14년 동안 조선에서 보고, 느낀 것을 써서
〈하멜 표류기〉라는 책을 펴냈어요.

그들의 눈에 비친 조선은 왕의 힘이 세고, 신분의 구분이 엄격하고, 벌이 엄하며, 미신을 믿는 나라였어요. 〈하멜 표류기〉에는 "조선 사람들은 어른, 아이, 남자, 여자 할 것 없이 담배를 많이 피운다."라고 적혀 있어요. 당시 조선에서는 담배를 병을 치료해 주는 약초로 생각했거든요. 하멜이 쓴 책 덕분에 조선이 유럽에 자세히 알려졌어요.

★**미신** 아무런 과학적 근거가 없는 것을 열심히 믿는 일이에요.

조선 시대 여자들은 어떻게 살았나요?

조선 시대에 여자로 태어나 살아가는 일은 쉽지 않았어요.
조선은 유교에 뿌리를 둔 나라였기 때문에 남자와 여자가 다르다는 것을
강조했거든요. 조선 후기에는 이런 생각이 더욱 깊어져서 남녀 사이의 차별이
이전보다 심해졌지요. 여자는 재산을 물려받을 때도 차별을 받았고,
제사를 지낼 수도 없었어요.
고려 시대까지만 하더라도 여자도 남자와 똑같이 재산을 물려받았고,
제사도 지낼 수 있었어요. 물론 고려 시대에도 조선 시대와 마찬가지로
여자는 과거를 보고 벼슬을 할 수는 없었지만요.

발전된 사회를 향한 발걸음

양반집에서도 마찬가지였어요. 남자아이들이 책을 읽고 글을 배울 때 여자아이들은 수를 놓고 바느질로 옷을 만드는 일을 배웠지요. 집 안에서는 남자들이 지내는 공간과 분리되어 주로 안채에서만 생활했고요. 밖에 함부로 다닐 수도 없었고, 나갈 일이 있을 때는 꼭 쓰개치마로 얼굴을 가려야 했어요. 여자는 집안 족보에도 이름을 올릴 수 없었으며, 남편이 죽으면 다시 결혼할 수도 없었고, 이혼도 쉽지 않았어요.

역사 놀이터

김홍도의 〈씨름도〉예요. 으랏차차 온 힘을 다해 상대를 이기려는 씨름꾼과 둘러앉아 구경하는 사람들의 표정이 우스꽝스러워요. 그런데 두 그림 중 다른 곳이 다섯 군데 있네요. 찾아서 ○ 하세요.

으랏차차~ 넘어가라!

엿이 안 팔리네.

정조가 세상을 떠난 뒤 몇몇 가문이 권력을 차지하고 나라를 흔들기 시작했어요.

관리들도 백성들의 삶을 걱정하기보다는 자신들의 이익을 챙기기 바빴고요.

그렇다 보니 백성들의 생활은 하루하루 궁핍해졌지요.

이제는 백성들도 참고 있을 수만은 없었어요.

과연 백성들은 마음에 쌓인 분노를 어떻게 터뜨렸을까요?

지금부터 **백성들의 고통**은 어느 정도였는지, 백성들이 **조선의 변화**를

바라며 어떻게 힘을 모았는지 함께 알아보아요.

백성들의 고통과 변화의 움직임

더 이상은 못 참아!

세도 정치가 시작되었어요

최고의 권력, 안동 김씨

나라를 바로 세우고 문화를 발전시키려고 애쓴 정조가 갑작스럽게 세상을 떠난 뒤 조선은 새로운 상황을 맞이했어요. 정조의 아들인 순조가 열한 살의 어린 나이에 왕이 되자, 그의 증조할머니인 정순왕후가 수렴청정을 하며 나랏일을 돌보게 된 거예요. 그 뒤 정조의 신하였던 김조순의 딸이 순조의 왕비가 되면서 김조순의 가문인 안동 김씨가 권력을 거머쥐었어요. 이들은 나라의 미래는 안중에 없었어요. 자기 가문이 떵떵거리며 잘사는 것이 가장 중요했으니까요.

안동 김씨

아주 자~알 어울리십니다.

백성들의 고통과 변화의 움직임

이렇게 왕의 인정을 받은 신하나 왕실의 외가 친척인 몇몇 가문이
큰 힘을 차지하고 나랏일을 좌지우지하는 것을 '세도 정치'라고 해요.
안동 김씨가 나라의 높은 관직을 모조리 차지하면서 실력 있는 사람보다는
아부를 잘하는 사람들이 높은 관리가 되기도 했어요.
벼슬을 사고파는 일도 더 많아졌지요.
과거 시험은 이제 아무런 소용이 없었어요. 집안이 좋고 돈이 많으면
벼슬을 할 수 있는 세상이 되었으니까요.

왕이 된 강화 도령

순조가 죽고 그의 손자인 헌종이 왕이 되어 나랏일을 돌보면서 풍양 조씨가 권력을 차지했어요. 헌종의 외할아버지가 풍양 조씨였거든요.
물론 그때에도 안동 김씨의 세력이 탄탄했으니, 두 가문은 늘 팽팽하게 맞설 수밖에 없었어요.
이러한 세도 정치의 그늘 속에서 헌종이 젊은 나이에 세상을 떠났어요.
그러자 안동 김씨들이 다시 권력을 차지하기 위해 머리를 썼어요.
왕족 가운데 아무런 힘이 없는 사람을 골라 왕으로 세우려고 한 거예요.
그렇게 왕이 된 사람이 바로 강화 도령인 철종이에요.
왜 철종을 강화 도령이라고 부르냐고요?

백성들의 고통과 변화의 움직임

철종은 아버지와 큰형이 역모에 휘말려 죽고, 할머니마저 천주교 신자라는 이유로 벌을 받아 죽은 뒤 강화도에서 홀로 농사를 지으며 조용히 살고 있었거든요.
안동 김씨는 자신들 마음대로 나랏일을 쥐락펴락하기 위해 글도 제대로 모르는 철종을 왕의 자리에 앉힌 것이었지요.
이제 조선은 안동 김씨의 세상이 되었어요.

★**역모** 나라나 지역을 다스리는 통치자의 힘을 빼앗는 일을 말해요.

ㅎㅎㅎ, 우리 안동 김씨의 말 잘 들으실 거죠?

세도 정치 때문에 괴로운 백성들

자기 배를 채우기에 바쁜 탐관오리들

탐관오리들은 나랏일과 백성들을 늘 뒷전으로 미뤘어요. 어떻게 하면 자신들의 재산을 불리고 높은 벼슬을 차지할 수 있을지에만 관심을 두었지요. 급기야 지방의 수령들이 백성들에게 걷은 세금을 조정에 올려 보내지 않고 빼돌리는 일이 늘어났어요.

그렇다 보니 세금이 제대로 걷히지 않았고, 나라 살림은 갈수록 엉망이 되었어요. 나라에서는 부족한 나랏돈을 메꾸기 위해 세금을 더 많이 거두었고요. 그러자 세금을 내지 못해 도망치는 백성들이 점점 늘어났어요.

백성들의 고통과 변화의 움직임

관리들이 자기들 마음대로 세금을 거두었어요

세도 정치 시기에도 개인이 가진 땅의 넓이에 따라 일정하게 세금이 매겨졌어요. 이것을 '전정'이라고 해요. 그런데 이 세금 제도에 문제가 생겼어요. 원래는 관리들이 토지 대장에 적힌 땅에 대해서만 세금을 걷어야 하는데, 주인 없이 버려진 땅이나 토지 대장에 적혀 있지 않은 땅에 대해서도 세금을 물린 거예요. 실제로 농사짓는 자신들의 땅은 토지 대장에 올리지 않거나 버려진 땅이라고 속여 세금을 내지 않는 일도 많았으면서 말이에요. 결국 전정은 관리들의 배만 불려 주었어요.

★**토지 대장** 땅에 관련된 내용이 기록된 책이에요.

어린아이도 죽은 사람도 군포를 내라니

군포 때문에 백성들이 큰 어려움을 겪었다고 했지요? 영조 때에는 백성들이 내는 군포의 양을 줄여 주어 백성들의 부담이 줄어들기도 했어요. 하지만 세도 정치 시기에는 군포에 대한 두려움이 커졌어요. 벼슬아치들이 갖은 수를 써서 자신들이 내야 할 군포를 백성들에게 떠넘기거나, 나라에서 필요한 군포의 양을 정해 놓고 거두었기 때문이지요. 결국 탐관오리들은 군포를 낼 수 없어 도망간 사람의 몫을 친척이나 이웃에게서 강제로 거두었어요. 60세가 넘는 노인과 죽은 사람, 어린아이에게까지 군포를 거두는 경우도 많았어요.

백성들의 고통과 변화의 움직임

높은 이자에 질 나쁜 곡식, 환곡 제도 나빠요!

백성들은 봄이 되면 집집마다 곡식이 떨어져서 자주 굶었어요.
그러자 나라에서는 봄에 농민들에게 곡식을 빌려 주고, 가을에 이자와 함께
곡식을 갚게 하는 환곡 제도를 실시했어요. 하지만 이것 역시 백성들에게
큰 고통이었어요. 수령이 백성들에게 강제로 곡식을 빌려 주고, 터무니없이
높은 이자를 받았거든요. 겨가 섞인 쌀을 나누어 주기도 했고요.
가을이 되어도 거두어들인 곡식을 땅 주인에게 바치고 나라에 세금으로 내는
데다가 높은 이자까지 갚아야 했으니 백성들은 빈털터리가 되었어요.

★**이자** 남에게 돈을 빌려 쓴 대가로 치르는 돈이에요.

조선의 진정한 상인, 김만덕과 임상옥

김만덕 이야기

김만덕은 어려서 전염병으로 부모를 잃고 기생이 되었어요. 하지만 제주도 관리의 도움으로 기생 신분에서 벗어나 상인이 되었지요. 김만덕은 제주도의 특산물인 미역, 말꼬리 털, 전복 등을 팔아 큰 부자가 되었어요.

그런데 어느 해 제주도에 큰 가뭄과 홍수 등 자연재해가 계속되어 굶어 죽는 사람들이 넘쳐 났어요. 그 소식을 들은 김만덕은 자신의 재산을 털어 육지에서 쌀을 사왔어요. 그러고는 죽어 가는 제주도의 백성들에게 나눠 주었지요.

이 일을 전해 들은 임금(정조)은 김만덕에게 벼슬을 내리고, 그녀의 소원인 금강산 구경도 시켜 주었어요. 여자가 모든 면에서 차별을 받았던 조선 시대에 그 한계를 뛰어넘은 김만덕은 오늘날 뛰어난 기업가이자, 자선 사업가로 존경받고 있어요.

◀ 김만덕 초상화

임상옥 이야기

임상옥은 의주 지역의 상인인 만상이었어요. 의주는 예로부터 중국과 무역이 활발하게 이루어지던 곳이지요. 임상옥은 청나라 상인에게 조선 최고의 특산품인 인삼을 팔아 큰 이익을 남겼어요.

그러던 어느 날, 청나라 상인들이 서로 짜고 조선의 인삼을 사지 않겠다고 나섰어요. 인삼의 가격을 낮추어 싼값에 인삼을 사려고 한 거예요. 그들의 속셈을 눈치챈 임상옥은 청나라 상인들이 보는 앞에서 인삼을 불태우기 시작했어요. 그러자 놀란 청나라 상인들이 임상옥을 말리더니 더 비싼 값을 치르고 남은 인삼을 사 갔답니다.

임상옥은 장사는 돈을 남기는 것이 아니라 사람을 남기는 것이라고 생각했어요. 그래서였을까요? 그는 자신이 번 돈 대부분을 가난한 사람들을 위해 썼답니다.

종교를 통해 새 세상을 꿈꿔요

새로운 세상을 바라는 백성들

세도 정치 아래에서 백성들의 삶은 나날이 비참해졌어요. 그럴수록 백성들은 새로운 세상이 오기를 간절히 바랐어요.

그때 백성들의 마음을 파고든 것이 미륵 신앙이에요. 미래의 부처인 미륵이 땅에 내려와 백성들을 구원해 줄 것이라는 믿음이었지요.

그 무렵 백성들 사이에 이씨 왕조가 망하고 정씨 왕조가 들어서서 새 나라를 세울 것이라는 예언이 돌기 시작했어요. 그러한 내용이 담긴 〈정감록〉이라는 책도 백성들 사이에 퍼졌고요.

먹고살기 어려웠던 농민들 사이에서 미륵 신앙과 이러한 예언은 곧 새로운 세상에 대한 희망이었어요. 그래서 널리 퍼져 나갔지요.

백성들의 고통과 변화의 움직임

천주교를 믿는 사람들을 잡아들여라!

조선은 성리학이 아닌 그 어떤 학문이나 종교도 인정하지 않았어요. 그런데 천주교가 여성과 일반 백성들에게까지 점점 널리 퍼져 나갔어요. 천주교에서는 조상에게 제사를 지내지도 않고, 신분과 남녀에 상관없이 모두가 평등하다고 가르쳤어요. 나라에서는 이런 천주교가 조선에 대대로 내려오는 풍속을 해쳐 나라를 어지럽힌다고 생각했어요. 그래서 천주교를 믿는 사람들을 모조리 잡아들이기 시작했어요. 천주교를 믿는 학자들은 멀리 귀양을 가게 되었고, 청나라 신부를 비롯해 천주교를 믿는 많은 사람들이 죽임을 당했어요.

동학, 사람이 곧 하늘

세도 정치로 나라가 뒤흔들리고 백성들의 삶이 무너진 가운데 각종 서양 문물과 종교가 밀려 들어오고 있었어요.
몰락한 양반이었던 최제우는 서양 문물과 종교가 조선을 더욱 혼란스럽게 한다고 생각했어요. 그래서 서학에 맞설 새로운 종교인 동학을 만들었어요.
사람이 곧 하늘이며, 사람의 마음속에 하느님이 들어 있으니 모든 사람은 귀하고 평등하다는 것이 동학의 가르침이었어요.
하지만 조선 사회에는 여전히 신분에 대한 차별이 남아 있었기 때문에 나라에서는 동학을 받아들이지 않았어요.

사람이 곧 하늘이라네. 우린 모두 평등해!

백성들의 고통과 변화의 움직임

심지어 동학이 백성들의 마음을 어지럽히고 나라의 질서를
해친다며 최제우를 붙잡아 처형했지요.
그러나 동학의 가르침은 새 세상을 기다리는
백성들의 마음속 깊이 파고들어 전국으로
퍼져 나갔어요. 특히 농민들 중에서 동학을
믿는 사람들이 많이 생겨났어요.
그 당시 세금과 탐관오리의 횡포에 시달리며
가장 고통받는 사람들이 농민이었거든요.

★**동학** 천주교를 서학이라고 한 것에 반대되는 뜻으로
동학이라고 불렀어요.

농민들이 들고일어났어요

차별과 고난은 이제 그만! 홍경래의 난

미륵 신앙도 천주교도 동학도 백성들의 어려움을 해결해 주지는 못했어요. 이윽고 불만이 쌓인 백성들이 직접 자신들의 문제를 해결하기 위해 들고일어나기 시작했어요.

1811년, 평안도에 살던 홍경래는 농민, 상인, 광산 노동자 들과 함께 봉기를 일으켰어요. 안동 김씨의 세도 정치 때문에 살기가 힘들어진 데다가 평안도는 국경 지역이라는 이유로 조선 시대 초기부터 차별을 받아 왔거든요. 평안도 출신 사람들은 아무리 실력이 뛰어나도 높은 관리가 되지 못했지요. 그런데 엎친 데 덮친 격으로 그해에 평안도 지역에 흉년까지 든 거예요. 홍경래와 봉기군은 10여 개 고을을 점령하고, 관청 창고의 곡식을 빼내어 백성들에게 나눠 주었어요.

★봉기 많은 사람들이 벌떼처럼 들고일어난다는 뜻이에요.

백성들의 고통과 변화의 움직임

갑작스런 난리에 놀란 나라에서는 황급히 군대를 보내 봉기를 진압했어요. 홍경래는 봉기군과 정주성으로 들어가 전투를 계속했으나 결국 4개월 만에 정주성이 무너지고 봉기도 진정되었어요. 홍경래는 관군의 총에 맞아 죽었고요. 이렇게 백성들은 변화를 꿈꾸며 목소리를 높였지만 조선 사회는 달라지지 않았어요. 오히려 날이 갈수록 백성들의 삶은 어려워졌지요.

★**정주성** 평안도 정주에 있던 성곽이에요.

도저히 못 살겠다. 우리가 나서서 바꿔 보자!

와 와

성난 진주의 농민들

진주에서는 수령과 아전들이 곡식을 빼돌려 창고가 늘 텅텅 비어 있었어요. 진주의 수령이었던 백낙신은 텅 빈 창고를 채우기 위해 백성들에게 강제로 세금을 더 많이 거두었지요. 그러자 1862년, 성난 농민들이 들고일어나 관청을 공격하고, 자신들을 못살게 굴던 아전을 죽였어요. 또 자신들에게 세금을 떠넘겼던 지주들의 집을 불태워 버렸어요.

★아전 지방 관청에서 수령을 도와 일하던 낮은 관리예요.
★지주 땅을 빌려 주고 대가를 받는 땅 주인이에요.

활 활 활

어딜 도망치려고!

백성들의 고통과 변화의 움직임

진주에 이어 경상도, 전라도, 충청도 등 전국 각지에서 농민들의 봉기가 끊이지 않았어요. 그만큼 고을마다 관리들의 행패가 심해서 농민들이 살기 어려웠던 거예요. 깜짝 놀란 나라에서는 암행어사 등 관리를 보내 탐관오리에게 벌을 주고 그들을 관리하는 기관을 설치했어요. 또한 농민들에게 세금 제도를 고치는 등 잘못된 점을 바로잡겠다고 했어요. 그러자 봉기가 어느 정도 가라앉는 듯했어요. 하지만 개혁이 제대로 이루어지지 않자, 그 뒤로 농민들이 계속해서 들고일어났어요.

변화의 갈림길에 선 조선

그러던 중 철종이 세상을 떠나고 고종이 열두 살에 왕이 되었어요. 어린 나이에 왕위에 오른 고종을 대신해 아버지인 흥선대원군이 정책을 결정할 수 있는 모든 권한을 가졌어요. 흥선대원군이 맨 먼저 한 일은 세도 정치의 고리를 끊고 왕의 힘을 키우는 것이었어요. 또 지방 관리의 부정부패를 막고 백성들의 삶을 안정시키기 위해 노력했지요.

★**부정부패** 정치, 사상, 의식 등이 바르지 못해서 잘못된 행동을 저지르는 것을 뜻해요.

백성들의 고통과 변화의 움직임

조선 사회가 조금씩 안정되어 가는가 싶더니 또 다른 곳에서 문제가 터졌어요. 그때는 세계가 급격히 변하는 시기였어요. 서양의 막강한 나라들이 거침없이 동아시아로 진출하고 있었지요. 조선도 그들이 문을 두드리는 나라 중 하나였어요. 그러나 조선은 밀려오는 서양 세력이나 주변 나라들의 움직임을 외면하고 나라의 문을 굳게 닫아 놓으려고 했어요.
하지만 서양 세력의 등장을 무시할 수만은 없었답니다.
과연 조선은 앞날을 어떻게 헤쳐 나갔을까요?

★**동아시아** 아시아의 동쪽을 이르는 말로, 한국, 중국, 일본 등이 여기에 속해요.

조선 후기, 새로운 세상을 꿈꾸었지만 여전히 백성들의 삶은 힘들었어요. 세도 정치 때문이지요. 다음 그림 중 세도 정치가 이루어지던 시절에 일어난 상황이 아닌 것을 두 개 찾아보세요.

 # 정답

▼ 42~43쪽

비밀의 단어 : 조선

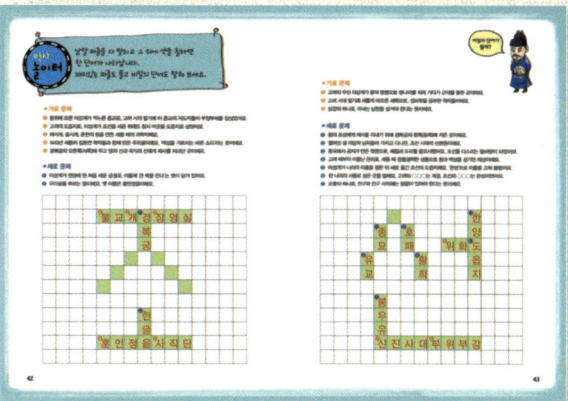

▼ 82~83쪽

▼ 112~113쪽

▼ 158~159쪽

▼ 182~183쪽

《그림으로 보는 한국사》 시리즈는
전 5권입니다.

1권　선사 시대부터 백제까지

2권　신라부터 발해까지

3권　고려 전기부터 고려 후기까지

4권　조선 전기부터 조선 후기까지

5권　조선의 개항부터 현대까지